서해5도에서 북한쓰레기를 줍다

서해5도에서 북한쓰레기를 줍다 - 브랜드와 디자인으로 북한읽기

초판1쇄 인쇄	2021년 11월 15일
초판1쇄 발행	2021년 12월 3일
지은이	강동완
펴낸곳	도서출판 너나드리
등록번호	2015-2호(2015.2.16)
주　소	부산시 사하구 다대로381번길 99 101동 1406호
이메일	simple1@daum.net
홈페이지	www.dahana.co.kr　https://blog.naver.com/tongil0214
전　화	051-200-8790, 010-4443-6392
팩　스	0504-099-6392
책임편집	강동완
디자인	박지영
일러스트	권보미
교정	송현정
ISBN	979-11-91774-01-6 (03340)
값	35,000원

· 이 책은 저작권법에 따라 보호받는 저작물이므로 무단전재와 무단복제를 금지하며
· 이 책 내용의 전부 또는 일부를 이용하려면 반드시 저작권자와 도서출판 너나드리의 서면동의를 받아야 합니다.

서해5도에서 북한쓰레기를 줍다

브랜드와 디자인으로 북한읽기

강동완

목차
contents

들어가기 · 06

1장 북한상품 의미 읽기 · 12

2장 북한상품 현실 읽기 · 24

1_ 당과류 · 30
- 01 사탕 · 35
- 02 과자 · 49

2_ 제빵류 · 76
- 03 단설기 · 85
- 04 스피롤리나 · 94
- 05 겹빵 · 100
- 06 소빵 · 107
- 07 단졸임소빵 · 111
- 08 와플 · 117
- 09 튀긴빵 · 120
- 10 효모빵 · 122
- 11 기타 · 128

3_ 음료류 · 130
- 12 단물 · 135
- 13 탄산단물 · 153
- 14 기능성음료 · 180

4_ 유제품류 · 186
- 15 우유와 요구르트 · 193
- 16 아이스크림 · 221

5_ 식품류 · 238
- 17 즉석국수 · 242
- 18 우동 · 253
- 19 쏘세지 · 258
- 20 안주 · 259
- 21 고추절임 · 261
- 22 마요네즈 · 262
- 23 맛살과 조개살 · 265
- 24 보가지 · 268
- 25 우유가루 · 269
- 26 인조고기 · 270
- 27 차 · 274
- 28 해바라기씨 · 276
- 29 매운닭발쪽 · 277

6_ 양념류 · 278
- 30 맛내기 · 283
- 31 후추가루 · 302
- 32 양념가루 · 308
- 33 고추가루 · 312
- 34 생강가루 · 315

7_ 주류와 담배 316
　　35 소주 323
　　36 막걸리 325
　　37 생맥주 326
　　38 담배 328

8_ 의약품류 330
　　39 링거 336
　　40 치료제 340
　　41 주사바늘 346

9_ 잡화류 348
　　42 물수건 352
　　43 생리대 357
　　44 화장품 365
　　45 샴푸 370
　　46 세수비누 372
　　47 치솔 382
　　48 치약 386
　　49 세탁세제 397
　　50 그릇세척제 404
　　51 학용품 407
　　52 칠감 408
　　53 살충제 410

10_ 기타 414
　　54 수지통 417
　　55 압록강 신발 421

부록 428

　　디자인 서체 430
　　주요공장 현황 436

나가며 448

들어가기

백령도 해안가는 썰물이 되면 또 다른 세상이 열린다

들어가기

어느 날 백령도를 여행하던 중에 해안가에서 낯선 포장지 하나를 발견했다. 분명히 한글로 쓰였는데 한국제품은 아니었다. 평양공장, 국규(국가규격), 단물 등 단어를 자세히 살펴보니 다름 아닌 북한 제품이었다.

백령도에서는 북한의 황해도가 지척이다. 불과 4km 정도면 닿기에 북한 마을도 한눈에 볼 수 있다. 하지만 아무리 거리가 가깝다 해도 북한 제품 포장지가 백령도 해안에 쌓였다는 게 믿기지 않았다. 이후 대청도, 소청도, 연평도 등 서해 5도 모든 지역으로 북한 생활 쓰레기를 찾아 나섰다. 북한과 인접한 해안가에서는 파도에 떠밀려 온 북한상품 포장지를 어김없이 발견할 수 있었다.

놀라운 건 그 양과 함께 다양한 종류였다. 만약 북한 제품 포장지가 한정된 제품이거나, 디자인이 천편일률적이었다면 이 책은 굳이 세상에 나올 필요가 없었다.

원자재를 수입하지 않고 자급자족, 자력갱생을 강조하는 북한에서 어떻게 이리도 다양한 상품을 만들어 낼 수 있는지 그저 의아할 뿐이었다. 인민들에게 공급하는 소비품에 굳이 디자인과 브랜드를 고려할 필요가 있을까라는 생각은 어쩌면 선입견이었다. 자본주의 시장경제에서는 당연히 소비자의 선택을 받기 위해 제품의 포장과 디자인을 고려한다. 그런데 북한상품도 제품의 특성에 맞는 상품명과 디자인은 물론 캐릭터까지 그려 넣었다는 사실에 내심 놀랐다.

이 책은 서해5도 지역에서 주운 북한 생활 쓰레기를 통해 두 가지 궁금증을 푼다.

첫째, 북한사람들은 무엇을 먹고 마시며 또 어떤 제품을 사용할까?

남북 교역과 인적 교류가 전면 중단된 상태에서 한국 사람이 북한 상점에 가 보는 건 쉬운 일이 아니다. 북한에서 어떤 상품이 생산, 유통되는지 직접 확인할 수가 없다. 그나마 북한의 공식 언론을 통해 일부 외형만 스쳐 지나듯 살펴볼 뿐이다. 생활 쓰레기는 북한에서 누군가 실제로 사용한 것들이다. 과자, 음료수, 조미료, 아이스크림 등 식품은 물론 비누, 화장품, 농약 등 잡화류에 이르기까지 실로 다양한 종류의 생활 쓰레기 포장지를 발견했다.

둘째, 북한에서 생산한 상품은 어떤 디자인과 브랜드일까?

만약 북한상품 포장지가 색깔 하나 없는 단순한 비닐 포장에 불과했다면 굳이 주목하지 않았을 거다. 개별상품마다 각각의 특징을 보여주는 독특한 서체와 캐릭터가 그려진 포장지를 통해 북한의 디자인과 브랜드 현황을 알 수 있다. 또한 북한상품은 상표, 색상, 캐릭터, 서체 등이 다양하며 동시에 정치선전(프로파간다)을 담고 있다.

북한을 자유롭게 오갈 수 없는 분단 시대에 북한 상점에서 어떤 물건을 사고파는지는 거의 신비로운 비밀처럼 여겨진다. 북한에서 제작한 〈북한상품〉이라는 제목의 책은 북한 제품을 소개하고 있지만, 실제로 북한 주민들이 사용하는 제품인지는 알 수 없다. 북한과 인접한 서해5도 지역 해안가에 떠밀려 온 북한 생활쓰레기는 북한사람들의 살아가는 흔적이라고 해도 과언은 아니다. 그 흔적속에서 북한 사회를 읽으려 한다.

지난 1년 동안 서해5도 해안가 곳곳을 누비며 쓰레기더미를 뒤졌다. 북한과 마주한 인적 드문 곳에 수상한 사람으로 보인다는 현지 주민의 신고로 곤욕을 치

른 적도 많다. 지뢰 경고판을 보지 못한 채 출입금지 구역에 들어가는 바람에 인근 군부대에서 긴급출동 하는 일도 있었다. 부산에서 출발해 인천까지 그리고 인천 연안부두에서 또 4시간을 달려가야 하는 뱃길 역시 큰 난관이었다. 그마저도 하늘과 바다와 바람이 잠잠해야만 허락되는 길이었다. 풍랑주의보나 강풍주의보 등 기상특보가 발효되면 모든 배편은 운항이 중단된다. 기상 악화로 섬에서 며칠 동안 발이 묶인 숱한 날들을 돌아본다. 백령도에서 나흘 동안이나 운항 정지되었다가 겨우 배가 떴는데, 중간에 소청도에 들렀다 나갈 욕심을 부렸다. 결국 소청도에서 다시 사흘 동안 배가 운항하지 않는 바람에 꼼짝없이 일주일을 갇힌 적도 있었다.

현지 사정을 모르는 필자의 손을 이끌고 쓰레기가 많이 쌓인 장소를 알려주시겠다며 손수 차를 태워주신 현지 주민들의 배려는 작은 위안이었다. 서해5도를 지키는 해병부대원들은 매번 해안가 통문을 열어주어야 하는 번거로움에도 기꺼이 도움을 주었다.

새로운 종류의 상품 포장지를 발견했을 때의 기쁨이란 이루 말할 수 없다. 그 중에 가장 기억에 남는 건 〈대동강 주사기 공장〉에서 만든 '주사바늘'이다. 어제 분명히 다녀간 곳이었는데, 이른 아침 왠지 모르게 한 번 더 그곳에 가보고픈 마음이 들었다. 밤새 세찬 파도가 몰아쳤는지 해안선을 따라 어지럽게 쓰레기가 널려 있었다. '모래밭에서 바늘찾기'라는 말을 실감할 정도로 드넓은 해안가 자갈틈에 조그만 '주사바늘'이 끼어 있었다. 그렇게 하나둘 주운 생활 쓰레기는 북한 사회를 읽는 소중한 자료이자 보물이 되었다.

북한사람들의 흔적이 고스란히 담긴 서해5도의 〈평양마켓〉으로 함께 떠나보자.

2021년 11월, 연평도 해안가에서
통일크리에이터 강동완 쓰다

PART 01

북한상품 의미읽기

1장 북한상품 의미 읽기

왜 북한상품 포장지에 주목하는가?[1]

북한상품의 생산실태와 현황은 북한경제 현주소를 파악할 수 있는 간접적인 지표다. 상품의 실제 내용물뿐만 아니라 포장지 하나에도 많은 정보가 담겨 있다. 개별상품 포장지는 브랜드를 담고 있다. 브랜드는 디자인, 색상, 서체, 상표 등을 포함하는 복합적인 요소로 산업미술과도 연관되어 있다.

그런데 현재 남북간 교역은 물론 인적 교류가 중단된 상태에서 현실적으로 북한상품을 입수하는 데는 한계가 있다. 중국의 단둥, 연길, 훈춘 등 북중국경 도시에서 북한상품을 구입하는 경우도 있지만 주로 술, 담배, 화장품 등 일부 품목에 한정된다. 만약 남북간 교류협력이 진척되어 남한 사람의 신분으로 북한에 갈 수 있다면 북한상품을 직접 구매하는 것도 생각해 볼 수 있다. 하지만 이 경우도 평양에 있는 극히 제한적인 상점이나 외부 관광객을 위한 기념품점 정도의 방문으로 제한될 것이다. 평양 이외의 공장에서 생산해 지방에서 유통, 소비하는 제품을 파악하는 건 쉽지 않다. 지금까지 북한 관련 개별상품 분석과 연구는 활발히 이루어지지 못했다. 이는 실제 북한상품을 입수하는 데 한계가 있기 때문이다. 그나마 북한의 수출상품 자료를 종합적으로 파악한 연구가 유일한 정도다.[2]

---

1) 1장의 일부 내용은 강동완, "북한 상품의 현황과 특징," 『통일인문학』 제87집(2021)에 수록된 것임을 밝힙니다.
2) 손광수는 북한에서 생산한 개별상품을 직접 입수해 현황과 특징을 종합적으로 분석했다. 이와 관련한 상세한 논의는 남북교류협력지원협회, 『북한 수출상품 자료집』, 남북교류협력지원협회, 2017 참조.

북한의 실제 상품을 분석하기 위해서는 당연히 완제품이 필요하다. 예를 들어 북한 화장품의 주요 성분이나 품질을 파악하기 위해서는 화장품 내용물을 전문 연구실에서 성분분석 해야 한다. 그런데 상품의 내용물과 별개로 상품의 브랜드나 상호, 디자인, 색상, 생산공장 등을 파악하기 위해서는 굳이 실제 내용물이 필요하지는 않다.

북한 생활 쓰레기 포장지를 통해서도 관련 제품의 정보를 어느 정도 파악할 수 있다. 좁게는 산업미술이라는 측면에서 상품의 브랜드, 디자인, 상표 등을 파악할 수 있으며, 넓게는 북한지역별 생산공장, 생산제품 현황 등을 파악 할 수 있다. 더불어 탈북민 면접을 병행하면 이러한 제품이 실제 생활에서 어떻게 사용되고 유통되는지에 관한 사회상까지도 파악할 수 있다. 아울러 서해5도 지역은 남북이 접경을 맞댄 곳으로 최전선 군부대에 지급한 보급품 포장지를 통해 정보를 파악할 수 있다. 평양과 지방의 차이는 물론 있지만 그런데도 북한 주민들이 직접 사용하는 제품이라는 점에서 오히려 북한 내부의 다양한 생산 현황을 파악하는 데 도움이 된다.

버려진 북한 생활 쓰레기가 연구자료로 활용되기까지?

서해5도 지역에서 북한 생활 쓰레기를 수거한 시기는 2020년 9월부터 2021년 9월까지로 약 1년 동안 이루어졌다. 주요 장소는 서해5도(백령도, 대청도, 소청도, 대연평도, 소연평도) 전 지역 해안가로, 민간인의 출입이 가능한 지역에서 군부대 협조로 이루어졌다. 서해5도 지역은 인천 연안부두에서 출발하는 정기 여객선을 타고 갈 수 있으며, 백령도-대청도-소청도 항로와 대연평도-소연평도 항로가 있다. 백령도 항로는 약 4시간, 대연평도 항로는 2시간 정도 걸린다. 대연평도와 소연평도 사이에는 정기 여객선 외에 옹진군에서 행정선을 운항하기 때문에 여객선 이용이 여의찮을 때는 옹진군에서 운영하는 행정선을 이용하기도 했다.

이곳은 지뢰매설지역이 많아 민간인의 출입이 제한되며 특히 풍랑이 거세게 일고 폭우가 내린 직후에는 북한으로부터 목함지뢰, 나뭇잎지뢰 등이 유실되어 해안가에 떠밀려오기도 한다. 이런 시기에는 경계담당 군인들이 먼저 수색하고 안전 점검을 마친 이후에야 출입할 수 있었다. 서해5도 지역 해안가는 관광객의 출입이 상시로 허용된 곳에는 통문이 없지만, 지역 주민들의 어로 목적으로 출입이 필요한 해안가에는 군부대에서 통문을 설치, 관리하기 때문에 군부대 협조를 구해야 한다. 출입목적과 인적 사항 등을 사전에 신고하고, 출입 이후 감시카메라 녹화를 동의해야 들어갈 수 있다.

그리고 서해5도 지역의 모든 해안가에서 북한 쓰레기를 발견할 수 있는 건 아니다. 같은 섬 안이라 해도 파도의 방향이 북한 지역과 섬을 등지고 반대편에 있는 해안가에서는 북한 쓰레기가 유입되지 않는 곳이 많다. 본 조사에서 수거한 북한쓰레기를 개별 섬이나 해안가별로 상세히 분류하지 않은 건 같은 제품의 쓰레기가 서해5도 전 지역에서 골고루 발견되었기 때문이다. 만약 특정한 제품이 하나의 섬에서만 발견되었다면 이를 구분해 지역적 차이를 분석할 필요도 있겠지만, 대부분 서해5도 전 지역에서 같은 제품이 유입되는 것을 확인할 수 있었기 때문에 별도로 구분하지 않았다.

서해5도 지역 해안가에는 곳곳에 지뢰 경고판이 설치되어 있다

서해5도 지역에서 수거한 북한 생활 쓰레기 종류

이 지역에서 수거한 북한 생활 쓰레기 제품 포장지는 모두 708종의 1,414점이다. 708종은 각기 상표와 공장이 다른 개별상품 수를 의미하며, 1,414점은 같은 제품의 중복되는 개수를 다 포함한 것이다. 상표, 생산공장, 주성분 등 상품의 개별적인 특성과 함께 북한산 제품임을 명확히 알 수 있는 포장지만 해당한다. 예를 들어 구두나 신발, 옷에 '압록강', '령광' 등의 상표가 새겨져 있어 북한산으로 추정하지만 이를 증명할 수 있는 표기가 없는 것은 품목에서 제외했다.

개별상품	종류	총 개수
음료수	97	155
빵	85	163
양념류(맛내기, 후추가루, 종합조미료 등)	62	93
과자	58	92
아이스크림(에스키모)	50	111
우유	38	204
요구르트	28	67
사탕	26	101
면류(라면, 우동)	26	48
세수비누	19	46
치약	18	85
가공식품	16	30
의약품(링거, 약품)	15	25
주류	12	16
치솔	6	15
화장품	6	7
세탁세제	5	6
물수건	3	6
생리대	3	5
차	2	2
담배	3	5
농약	2	4
샴푸	2	2
건자재	1	1
그릇세제	1	1
기타	124	124
합계	708	1,414

개별품목에서 종류가 많은 건 음료수(단물), 빵, 과자, 양념류를 들 수 있다. 종류는 각기 다른 공장에서 생산해 브랜드와 상표가 다른 것을 의미하는데 음료수(단물) 97종, 빵 85종, 양념류 62종, 과자 58종, 아이스크림(에스키모) 50종 등의 순이다.

제품을 생산하는 개별공장 수는 모두 241곳으로 나타났다. 물론 이 중에는 같은 공장에서 다른 품목을 생산하기 때문에 중복되는 공장도 있다. 그럼에도 개별공장으로 분류한 건 품목 자체가 전혀 다르기 때문이다. 예를 들어, 금컵체육인종합식료공장의 경우 음료와 과자, 식료품까지 다양한 품목을 생산하지만, 분명 생산라인과 공정이 다를 것으로 판단해 개별공장으로 분류했다.

한편, 이번 조사를 통해 포장지의 유입 경로와 실제 생활에서 어떻게 사용되었는지 파악하는 데는 한계가 있다. 이번 조사에서 습득한 대부분의 상품 생산공장은 평양으로 표기되어 있다. 평양에서 생산한 제품이 서해5도와 인접한 황해도, 평안도 지역에서 실제 유통되었는지, 평양에서 버린 생활 쓰레기가 서해로 유입되어 서해5도 지역으로 떠밀려 왔는지 명확히 파악하기는 어렵다. 국내에 입국한 북한이탈주민 면접을 통해 살펴볼 수도 있지만 본 조사를 위해 입수한 대부분 상품을 북한에서 생활할 때 접하지 못한 제품이라 언급했다. 또한, 국내에 입국한 탈북민의 경우 대부분 함경도와 양강도 지역 출신이 많으므로 서해5도와 인접한 황해도, 평안도 출신 탈북민 중 최근까지 북한에서 생활하다 온 조건의 탈북민 면접을 시행하는 것도 다소 어려움이 있다. 상품의 내용물 분석과 이 제품의 실제 사용에 대한 정치사회적 논의는 후속 연구로 다루기로 한다.

북한 상품 생산 주요공장 현황

품목	제품	공장명	공장수
당과류	사탕	11월2일공장, 영봉식료공장, 금컵체육인종합식료공장, 운하대성식료공장, 평양곡산공장, 경흥은하수식료공장, 선흥식료공장, 락랑식료공장, 칠보무역상사, 묘향덕상합영회사, 명안식료가공사업소	11
	과자	경흥은하수식료공장, 금컵체육인종합식료공장, 송도원종합식료공장, 수림식료공장, 서산려명식료공장, 유아종합식료공장, 룡성공장, 선흥식료공장, 련못식료생산사업소, 운하대성식료공장, 룡봉식료공장, 장훈분공장, 황해북도체육인후방물자생산사업소, 문천시식료공장, 만경대경흥식료공장, 선봉빵공장, 광복신건식료공장, 유아무역회사	18
제빵류	빵	금컵체육인종합식료공장, 관문식료사업소, 유아무역회사, 선흥식료공장, 송도원종합식료공장, 경흥은하수식료공장, 구룡포식료가공사업소, 운하대성식료공장, 전진식료공장, 평양남새가공공장, 조선신흥무역총회사, 신흥무역총회사, 원산기초식품공장, 고려식료가공공장, 수림식료공장, 오일종합가공공장, 묘향덕상합영회사, 룡라회사, 례성강식료공장, 성북묘향상점, 조선대보무역회사, 원산봉화상점, 경흥식료품가공공장	23
음료류	탄산단물	오일종합가공공장, 유아제약공장, 옥류민예사, 룡마무역회사, 룡성식료품가공공장, 선흥식료공장, 대은수출품가공사업소, 금컵체육인종합식료공장, 락연식료가공공장, 대동강과일종합가공공장, 강동무역회사, 동양무역회사, 동양서포식료공장, 문수식료공장, 송천식료공장, 새별식료공장, 팔경맥주공장, 혁명사적지건설지도국 정양소, 광복신건식료공장, 대보경제협력교류사, 락랑식료공장, 강동식료공장, 대성산식료가공사업소, 안골식료가공사업소, 락원건흥교류소, 관문식료사업소, 사동수출품생산사업소, 발양산식료가공사업소, 경련애국사이다공장, 대성천 종합식료공장, 단풍무역회사, 서산식료생산사업소, 삼건무역회사, 축전경흥식료공장, 흥발무역회사, 와산보흥식료가공사업소, 평양대흥식품교류소, 조선명승무역회사, 수림식료공장, 송일식료공장, 력포식료공장, 서장음료공장, 금탑원천생산사업소, 7.27체육음료개발건강식품공급소, 구룡강무역회사	45
	샘물	중앙식물원, 대성산유희시설관리소, 고려동양샘물공장	3
	수소수	오일종합가공공장	1
	에네르기음료	오일종합가공공장, 강동무역회사	2
유제품류	우유	유아제약공장, 유아건강식품기술교류소, 락연식료가공공장, 오일종합가공공장, 오일건강음료종합공장, 대은수출품가공사업소, 룡진합작회사, 강동무역회사	8
	요구르트	삼건무역회사, 경상수출품가공소, 감찬정수출품가공공장, 장훈식료가공사업소	4

품목	제품	공장명	공장수
	아이스크림	오일건강음료종합공장, 오일무역회사, 오일종합가공공장, 조선오일무역회사, 사리원철도상업관리소, 평신합작회사, 사리원방직공장, 락연무역회사, 락랑락연수출품가공사업소, 평천랭동공장, 해주려관, 과학자려관, 락연식료가공공장성수산식료공장, 선화식료공장, 북창대흥탄광	16
식품류	우동	수출품생산사업소, 남포시기기초식품공장, 양명식료품가공사업소, 천마산식료공장, 평양114수출원천생산사업소, 발양산식료가공사업소, 갈마천가공사업소	7
	즉석국수	대성천종합식료공장, 금강산무역회사, 경흥은하수식료공장, 오일종합가공장, 라선령선종합가공공장, 송도원종합식료공장, 전진식료가공사업소, 삼건무역회사	8
	가공식품	락랑광흥식료가공사업소, 금컵체육인종합식료공장, 청류병식료공장, 관문식료사업소, 철도록산무역회사, 남포기술대학기술제품연구실, 평양대흥식품교류소, 락랑식료공장, 관문무역회사, 갈마식료공장	10
	차	개성록산수출품가공공장, 평양대흥무역회사, 경공업무역회사	3
양념류	맛내기	묘향무역총회사 선봉빵공장, 묘향무역총회사, 운하대성식료공장, 유아무역회사, 만석봉식료가공사업, 장생식료공장, 경흥4무역회사, 락연무역회사, 설천상업기술교류사, 룡악무역회사, 예룡합영회사, 무도식료가공사업소, 고려항공총국식료가공공장, 금릉무역회사, 정백금흥식료가공사업소, 소백산식료가공사업소, 금은산무역회사 은하금은산상점, 대보무역회사, 철도록산무역회사, 국제무도회사, 새별식료공장, 장산무역회사, 락랑영예군인수지일용품공장, 청연무역회사, 동양선교식료공장	25
	후추가루	금은산무역회사 운하판매소, 을지봉합작회사, 곡물가공연구소, 국광합작회사, 봉화봉사관리소	5
	고추가루	동대원김치공장	1
	양념가루	금은산무역회사 운하금은산상점, 산업미술무역회사, 을지봉합작회사, 옥류벽건강식품공장	4
주류와 담배	주류 맥주	축전경흥식료공장, 려명식료가공공장, 원산기초식품공장, 원산장원물자보장소, 송도원종합식료공장	5
	소주	전진소주공장, 송도원종합식료공장, 룡성식료가공공장	3
	막걸리	광복신건식료공장, 와산보흥식료가공사업소	2
	담배	내고향담배공장, 회령대성담배공장	2

품목	제품	공장명	공장수
의약품류	약품	류경제약소, 유아제약공장, 금강산제약공장	3
	링거	유성제약공장, 정성제약종합공장	2
	주사기	대동강주사기공장	1
잡화류	물수건	옥류벽건강식품공장, 전진식료가공사업소, 평양철봉수출품생산사업소, 항공운수영업봉사소	4
	생리대	정백종이생산사업소, 정홍합작회사	2
	화장품	평양화장품공장, 신의주화장품공장	2
	치약	신의주화장품공장, 평양치과위생용품공장, 평양화장품공장, 조선어린이후원협회, 영제수출품생산사업소, 백은무역회사, 전진대륜기술교류사, 경수봉무역회사	8
	샴푸	대동강과일종합가공공장, 룡악산비누공장	2
	세수비누	봉학신봉일용품공장, 경림식료일용가공사업소, 승전무역회사, 56무역총회사, 봉화비누공장	5
	가루비누	철건무역회사, 화성수출품가공사업소, 봉화비누공장	3
	주방세재	룡악산비누공장	1
	살충제	황금들대외기능공양성소	1
	칠감	개성운학수출품가공사업소	1
전체공장수			**241**

PART 02

북한상품 현실읽기

North Korean goods

01 중국어선과 북한에서 떠밀려온 쓰레기
02 서해5도 해안가 곳곳에 북한쓰레기가 쌓인다
03 소청도에 눈이 내렸다 소복이 쌓인 흰눈에 북한쓰레기가 덮인다
04 안개 자욱한 해안가의 아름다움도 잠시 뭍이 드러나면 이내 쓰레기로 뒤덮인다
05 북한을 지척에 둔 서해5도 지역
06 백령도 해안가는 썰물이 되면 또 다른 세상이 열린다
07 소연평도에 분단의 해가 저문다
08 서해5도 해안가에서 쓰레기 정화작업을 하는 사람들
09 출입금지 푯말 너머 해안가에 쓰레기가 쌓였다 그 틈에 괭이갈매기는 새로운 생명을 잉태한다

EXHIBITION
01

당과류

EXHIBITION 01
당과류

당과류는 북한에서 사탕과 과자를 의미하는 말로, 주로 국가차원에서 배급되는 품목 중 하나다. 태양절과 광명성절을 비롯해 국가 명절 때는 특별히 당과류를 원아들에게 명절선물로 지급한다. 북한 당국은 당과류의 보장 여부를 인민생활 향상이라는 관점에서 매우 중요하게 다룬다. 예를 들어, 수해 현장에서도 당과류의 보장이 끊이지 않고 공급됨을 강조한다. 2020년 8월 23일자 로동신문 "수재민들은 군당청사에서, 일군들은 천막에서"라는 제목의 기사에서는 수해지구인 은파군 대청리의 소식을 전하며 "로인들과 아이들이 궁금해할세라 당과류도 정상적으로 보장해주었다"고 전한다. 하지만 장마당을 통해 중국 제품이 유통되고, 각 기업소마다 별도의 당과류를 생산하면서 명절 때 지급하는 당과류는 상대적으로 북한 주민들에게 질이 안 좋은 제품으로 인식되었다.

현재 당과류 생산 공장은 주로 〈운하대성무역회사〉, 〈금컵체육인종합식료공장〉, 〈송도원식료공장〉등이 맡고 있다. 이 중에서 〈금컵체육인종합식료공장〉은 김정은 시대 대표적인 모범공장으로 손꼽힌다. 특히, 이 공장에서 생산한 제품의 종류가 다양하며, 다른 상품과 비교할 때 디자인이나 포장지 재질이 뛰어나다. '금컵'이라는 브랜드를 사용하며, 내용물이 1kg을 넘는 대형 포장제품이 많다. 김정은은 2016년 1월 23일 이 공장을 현지지도했으며, 2016년 2월 5일 정식으로 준공되었다.

2017년 6월 14일자 로동신문 기사에 따르면 "당의 크나큰 은정속에 세상에 내놓고 자랑할만한 멋쟁이공장으로 전변된 우리

조국의 자랑 〈금컵〉이 이렇듯 새 기준, 새 기록창조를 위한 총돌격전으로 활화산마냥 끓어번지고 있다"며 선전했다. 또한 "만리마의 기상이 세차게 나래치는 금컵체육인종합식료공장에서 우리 체육인들과 인민들이 좋아하는 제품들이 날에 날마다 폭포처럼 쏟아지고 있다"고 말할 정도다. 2016년 9월 7일에는 주조 외교 및 국제기구대표들이 이 공장을 참관했다.

또 다른 당과류 생산 공장으로 〈운하대성무역회사〉를 들 수 있다. 이 회사는 '대하'라는 브랜드를 사용하며 사탕, 단묵, 겹과자, 우유과자, 단설기, 튀기과자, 빵, 강정, 초콜릿 등을 생산하고 있다. 북한의 국가무역촉진위원회에서 발간한 『조선상품 2018』 책자에 따르면, 이 회사에서는 "자동화된 당과류생산공정, 빵생산공정, 고기가공품생산공정, 음료생산공정을 일식으로 갖추고 맛좋고 영양가 높은 300여종의 다양한 식료제품들을 대량생산하고 있다"고 한다. 또한 "이 공장의 맛좋은 식료품들이 봉사망들과 인민들의 집집마다에 대하처럼 굽이치게 하는 것이 우리의 목표이고 리상이다"라는 것이다.

이외에도 〈라선수채봉수산사업소〉, 〈조선대보무역회사〉, 〈선흥식료공장〉, 〈송도원종합식료공장〉, 〈경흥은하수공장〉, 〈만경대경흥식료공장〉, 〈금은산무역회사 운하금은산상점〉 등에서 당과류를 생산한다. 당과류 포장지에는 국가규격인 국규 이외에 국제표준인 'ISO 22000 식품안전관리체계인증'을 표기하고 있다.

서해5도에서 수거한 북한산 과자와 사탕 제품 포장지

01 사탕

서해5도 지역에서 습득한 사탕 포장지는 모두 26종류다. 〈금컵체육인종합식료공장〉, 〈운하대성식료공장〉, 〈경흥은하수식료공장〉에서 생산한 제품 외에도 〈조선인민군 11월 2일공장〉, 〈영봉식료공장〉, 〈평양곡산공장〉, 〈선흥식료공장〉, 〈락랑식료공장〉, 〈칠보무역상사〉, 〈묘향덕상합영회사〉, 〈명안식료가공사업소〉 등에서 생산한 제품들이 있다. 이중에서 〈평양곡산공장〉에서 생산한 제품이 5종류로 가장 많았으며, 사탕을 생산하는 공장은 모두 주소지가 평양으로 되어 있다.

사탕 종류를 보면 딸기향, 귤향, 박하향, 배향, 과일향, 파이내플향 등 과일향을 첨가한 제품과, 사탕안에 딸기향크림속이나 락화(땅콩)생크림속을 넣은 제품 그리고 맛의 기호에 따라 호두젖사탕, 알사탕, 우유사탕 등으로 분류할 수 있다.

No.	품명	브랜드	공장명	공장주소	공장전화번호
1	당과류(100g)	전승	조선인민군 11월2일 공장	.	.
2	당과류(150g)				
3	종합당과류(280g)				
4	사탕(50g)				
5	박하맛사탕	영봉	영봉식료공장	.	.
6	호두젖사탕	금컵	금컵체육인종합식료공장	평양시 만경대구역 서산동	02-736-3376
7	딸기향사탕	대하	운하대성식료공장	평양시 보통강구역 붉은거리 2동	02-455-0486
8	귤향사탕				02-455-0421
9	리진사탕				
10	딸기향크림속사탕	은하수	평양곡산공장	평양시 선교구역 영제동	02-632-0902
11	박하향알사탕				
12	알사탕				02-370-1923
13	락화생크림속사탕				02-632-0902
14	과일향사탕				
15	종합기름사탕	경흥	경흥은하수식료공장	평양시 만경대구역 칠골2동	02-765-2111
16	배향사탕				02-765-1501
17	우유사탕	선흥	선흥식료공장	평양시 만경대구역 칠골2동	765-1628
18	과일사탕				
19	과일향 종합사탕	락랑	락랑식료공장	평양시 락랑구역 정백2동	.
20	박하향 사탕				
21	****사탕		칠보무역상사	평양시 보릉강구역 봉화동	.
22	파이내플맛젖사탕	별보라	묘향덕상합영회사	평양시 서성구역 와산동	02-537-1020, 02-537-0675
23	우유사탕	명안	명안식료가공사업소	.	02-936-3766

조선인민군 11월 2일 공장: 맛있고 영양가 높은 간식과 식품을 군인들에게

〈조선인민군 11월 2일 공장〉은 북한에서 군수품을 생산하는 공장으로 일반 주민들이 아닌 주로 전방부대 군인들에게 공급되는 당과류를 생산한다. 제품 브랜드가 〈전승〉인데 북한에서는 정전일인 7월 27일을 전승절로 기념하고 있다.

김정은의 군부 챙기기일까? 그는 2013년과 2014년 연이어 두 번이나 이 공장을 현지지도했다. 이 공장은 김일성의 지시로 1947년 5월에 설립됐으며 "과자, 사탕, 빵을 비롯한 갖가지 식료품을 생산해 군인들에게 공급해주는 종합적인 식료가공기지(공장)"로 알려져 있다.

2013년 11월 로동신문 기사에 따르면 김정은의 지시로 이 공장에 현대적인 간식생산 공정을 새로 건설했다고 한다. 신문은 "제534군부대(군 후방총국)와 공장 노동자들이 짧은 기간에 능력이 큰 간식 생산공정을 완성하고 생산을 정상화하고 있다"라고 전했다. 또한 김정은은 공장을 둘러보면서 "군인들에게 맛있고 영양가 높은 간식과 식품을 모자라지 않게 공급하자는 것이 당의 결심"이라며 생산량을 늘리고 포장 공정의 현대화를 강조했다고 한다.

이어서 2014년 2월 현지지도 때 김정은은 "공장의 일군들과 종업원들이 당에서 준 과업대로 원료준비로부터 제품생산과 포장에 이르는 모든 생산공정의 자동화, 무인화를 높은 수준에서 실현한데 대해 대만족을 표시했다"고 로동신문은 전했다. 김정은은 "생산정상화의 동음이 세차게 일어나고 있는데 대해 기쁨을 금치 못하면서 생산을 높은 수준에서 정상화할 수 있게 설비관리와 기술관리를 짜고드는 것과 함께 원료보장 대책을 철저히 세워야 한다"고도 언급했다.

군대에 보급하는 제품이라 그런지 일반 공장에서 생산한 제품과 비교할 때 포장지에 별도의 디자인이나 캐릭터가 없으며 포장지 재질도 좋지 않음을 알 수 있다. 50g, 100g, 150g, 280g 등 용량이 다른 제품이지만, 50g 제품 포장지를 제외하면 나머지 용량 제품은 디자인이나 재질이 같다.

● <조선인민군 11월 2일 공장>에서 생산한 당과류

서해5도에서 북한쓰레기를 줍다

평양곡산공장: 짝퉁 헬로키티 캐릭터

지난 2016년 6월 16일 김정은은 〈평양곡산공장〉을 현지지도했다. 〈조선의 오늘〉보도에 따르면 "공화국의 평양곡산공장에서는 새로운 생산공정을 완비하고 영양가높은 식료품들을 생산하여 인민생활향상에 크게 이바지하고 있다"라고 전했다. 또한 2020년 5월 5일 로동신문은 〈평양곡산공장〉의 현대화 공정을 소개하며, "과학기술을 앞세워 생산공정의 기술개조를 다그쳐나가고 있다"고 언급했다.

북한 사탕 종류가 크게 과일향, 알사탕, 크림속 사탕 등 세 종류 제품으로 분류되는데 〈평양곡산공장〉에서는 이 세 종류 제품을 모두 생산할 만큼 사탕 생산을 전문적으로 하고 있다. 은하수라는 브랜드를 사용하는데, 주목할 점은 포장지에 화려한 색상과 캐릭터를 그려넣었다는 점이다. 포장지의 캐릭터 디자인 중에서 특히 눈에 띄는 건, 바로 "딸기향 크림속사탕"제품의 '헬로키티'를 닮은 디자인이다.

〈평양곡산공장〉에서 생산한 사탕 제품 포장지

● 헬로키티 캐릭터 원본 ● <평양곡산공장> '딸기향 크림속사탕' 포장지 캐릭터

● <평양곡산공장> '딸기향 크림속사탕' 포장지의 캐릭터 디자인

'알사탕'제품 포장지에도 동물모양을 형상화한 캐릭터가 그려져 있으며, "국규 22000(ISO 22000) 식품안전관리체계 인증을 받았습니다"라는 설명이 새겨져 있다.

박하향 알사탕은 항염증작용에 특효?

〈평양곡산공장〉에서 생산한 '박하향 알사탕' 포장지에는 "상쾌하고 시원한 맛과 살균작용, 항염증작용에 특효가 있는 박하향으로 만든 인기상품중의 하나입니다"라는 설명이 있다. '락랑'이라는 브랜드를 사용하는 〈락랑식료공장〉에서도 '박하향 사탕' 제품을 생산하는데 용량이 각각 500g과 400g 으로 차이가 있다.

02 과자

　서해5도 지역에서 주운 과자류 포장지는 껌, 초콜릿 등을 포함해 모두 58종류다. 과자 생산 공장은 〈평양껌공장〉, 〈경흥은하수식료공장〉, 〈금컵체육인종합식료공장〉, 〈송도원종합식료공장〉, 〈수림식료공장〉, 〈서산려명식료공장〉, 〈유아종합식료공장〉, 〈룡성공장〉, 〈선흥식료공장〉, 〈련못식료생산사업소〉, 〈운하대성식료공장〉, 〈룡봉식료공장〉, 〈장훈분공장〉, 〈황해북도체육인후방물자생산사업소〉, 〈문천시식료공장〉, 〈만경대경흥식료공장〉, 〈선봉빵공장〉, 〈광복신건식료공장〉, 〈성북묘향상점〉, 〈유아무역회사〉, 〈강성식료가공공장〉, 〈성천강체육관수출원천생산사업소〉, 〈평천릉라도식료품가공사업소〉 등이다.

　이 공장들 중에서 평양이 아닌 다른 지방에 위치한 공장은 〈문천시 식료공장(강원도 문천시 문천동)〉, 〈송도원종합식료공장(강원도 원산시 석현동)〉, 〈황해북도체육인 후방물자생산사업소(황해북도 사리원시 절산동)〉 등 3곳에 불과하다. 제품의 형태를 기준으로 북한 과자를 분류해 보면 큰 범주에서 초콜릿, 겹과자, 튀기과자, 강정, 단묵, 월병 등으로 구분할 수 있다.

No.	품명	브랜드	공장명	공장주소	공장전화번호
1	사과향 껌	은방울	평양껌공장	평양시 락랑구역 승리2동	02-933-1444
2	박하향 껌				02-933-1171
3	복숭아향 껌				
4	박하향 껌				
5	쵸콜레트 커피맛	경흥	경흥은하수식료공장	평양시 만경대구역 칠골2동	02-765-1501
6	우유맛 쵸콜레트				02-765-2111
7	빠다백합과자				
8	불고기맛 튀기과자				
9	고추맛 매운 튀기과자				
10	닭고기맛 튀기과자				
11	포도향 백합과자	금컵	금컵체육인종합식료공장	평양시 만경대구역 서산동	02-736-3376
12	파맛과자				
13	닭고기매운맛과자				
14	딸기향 백합과자				
15	강정				
16	백합과자				
17	비타민영양과자				
18	흰쌀과줄	송도원	송도원종합식료공장	강원도 원산시 석현동	057-51-1278
19	영양 꽈배기				
20	고구마강정				
21	바삭바삭 쌀강정				
22	강냉이향단묵				
23	겹과자				
24	살구씨향과자	수림	수림식료공장	평양시 선교구역 강안1동	02-667-0906
25	낙지맛튀기				
26	락화생맛기름과자				
27	과자				
28	어린이과자	려명	서산려명식료공장	.	.
29	바삭바삭새우맛튀기		유아종합식료공장	평양시 락랑구역 승리2동	02-933-2575
30	월병				

No.	품명	브랜드	공장명	공장주소	공장전화번호
31	귤향백합과자	룡성	룡성공장	.	.
32	소고기맛감자튀기	선흥	선흥식료공장	평양시 만경대구역 칠골2동	02-765-1628
33	사과튀기과자				02-765-4269
34	바나나튀기과자				02-765-3805
35	불고기맛감자튀기				
36	영양단묵				
37	우유과자	봄노을	련못식료생산사업소	.	.
38	구기자과자	대하	운하대성식료공장		02-455-0486
39	호두과자				02-455-0420
40	과자				02-455-0421
41	들깨 쌀 강정				
42	김 튀기과자				
43	와닐린향 과자				
44	쵸콜레트우유과자	룡암	룡봉식료공장 장훈분공장	.	.
45	쵸콜레트참깨강정	필승	황해북도체육인후방물자생산사업소	황해북도 사리원시 절산동	.
46	강정	문천	문천시식료공장	강원도 문천시 문천동	058-25-1263
47	김맛과자	경흥	만경대경흥식료공장	평양시 만경대구역 갈림길1동	02-765-0510
48	찹쌀튀기과자				
49	호두맛강정				
50	흰쌀튀기과자				
51	파맛과자				
52	감자가루 튀기	청춘	선봉빵공장	평양시 서성구역 와산동	02-537-0924
53	딸기향 백합과자	홍건	광복신건식료공장	평양시 만경대구역 팔골2동	02-732-3443
54	매운맛감자튀기과자	필승	체육00	.	.
55	단묵	약동	성북묘향상점	평양시 모란봉구역 성북동	02-875-5440, 02-875-5147
56	월병	영봉	유아무역회사	평양시 락랑구역 승리2동	
57	우유 백합과자	새희망	강성식료가공공장		
58	크림강정	.	성천강체육관수출원천생산사업소		
59	해바라기기름과자	.	평천릉라도식료품가공사업소		
60	쵸콜레트 참깨강정	.	황해북도속도전청년돌격 대수출원천생산사업소		.

월병: 평양 유튜버가 소개한 과자

북한은 대외 선전을 위해 브이로그 형식의 유튜브 채널을 개설해 운영하고 있다. 한 여성이 상점에서 물건을 고르는 내용의 유튜브 영상을 보면 다양한 과자 제품이 진열되어 있다. 영상에서는 이 여성이 "한주일에 두 세 번을 들르는 단골상점으로 정한 것은 집에서 제일 가깝기 때문이다"라며 쇼핑하는 모습을 보여준다. 이 상점 매대에 진열해 놓은 제품 중 〈유아종합식료공장〉에서 생산한 월병이 가득 쌓여 있다.

▲ 북한유튜브 영상 캡쳐 화면

당과류

053

▸ 월병 제품 포장지

서해5도에서 북한쓰레기를 줍다

골라먹는 재미?

과자종류 중 첨가물에 따라 각각 다른 맛을 내는 과자 종류가 많다. 우유맛, 불고기맛, 고추맛, 닭고기매운맛, 락화생맛, 소고기맛, 김맛, 파맛, 매운맛감자 과자 등이다. 향을 첨가한 제품으로는 살구씨향, 귤향, 딸기향, 강냉이향, 포도향 과자가 있다.

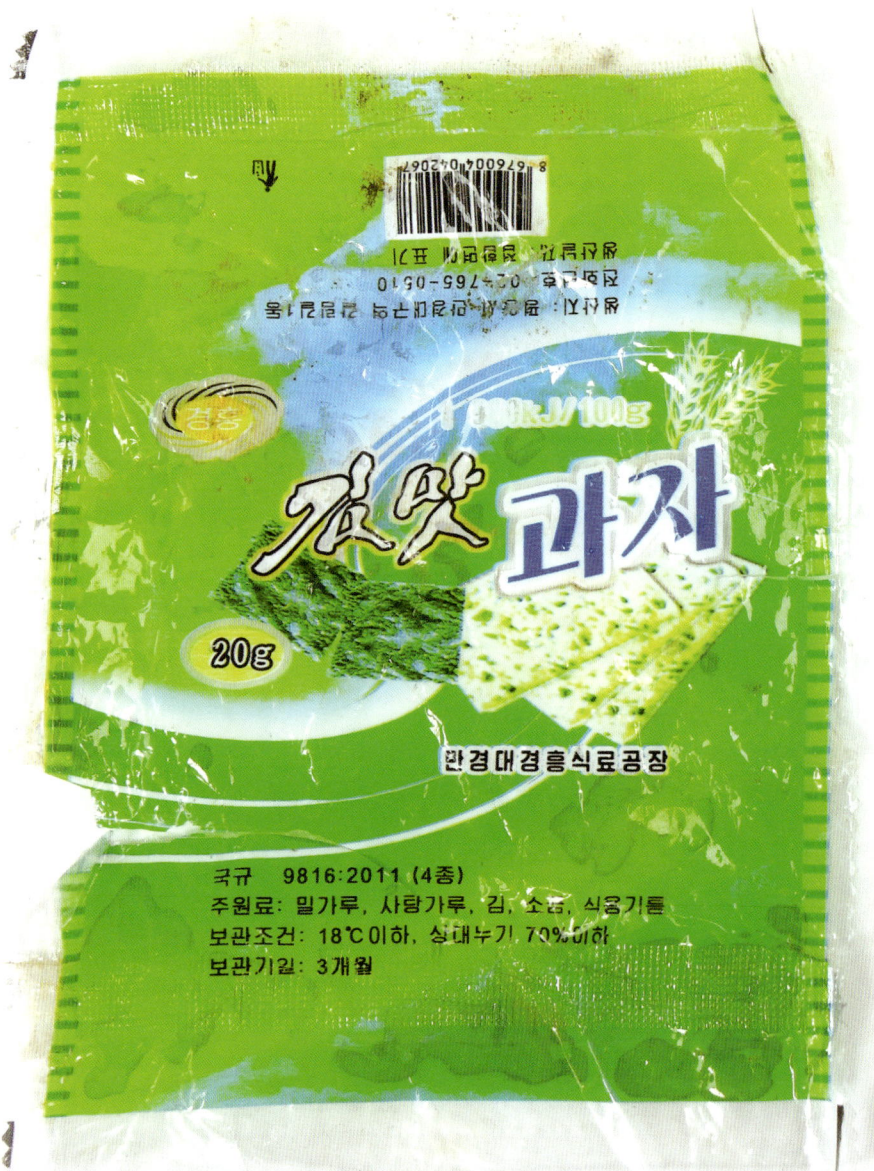

▶ '김맛', '파맛'과자는 어떤 맛일까?

또한 튀기과자도 공장별로 다양하게 생산되는데 대표적으로 〈선흥식료공장〉에서는 소고기맛감자, 감자가루, 바나나 튀기, 사과튀기, 김튀기 등 5종류의 튀기과자를 전문적으로 생산하고 있다.

튀기과자 생산공장과 종류

제품명	브랜드	품명
경흥은하수식료공장	경흥	불고기맛 튀기과자
		고추맛 매운 튀기과자
		닭고기맛 튀기과자
수림식료공장	수림	낙지맛튀기
유아종합식료공장	유아	바삭바삭새우맛튀기
선흥식료공장	선흥	소고기맛 감자튀기
		감자가루튀기
		사과튀기과자
		바나나튀기과자
		김튀기과자
운하대성식료공장	대하	찹쌀튀기과자
만경대경흥식료공장	경흥	흰쌀튀기과자
선봉빵공장	청춘	감자가루튀기
체육00	필승	매운맛 감자튀기과자

당과류

057

감자가루 튀기과자: 생산날자 2020년 12월 1일

북한 제품 포장지에는 "생산날자: 접합면에 표기"라고 쓰인 글귀를 쉽게 볼 수 있다. 하지만 실제로 포장지 어디를 찾아봐도 생산날자 표기가 제대로 되어 있지 않다. 그런데 〈선봉빵공장〉에서 '청춘'이라는 브랜드로 생산한 "감자가루 튀기과자"는 다른 제품과 달리 생산날자가 별도로 표기되어 있었다. 그것도 불과 1년도 채 안된 "2020년 12월 1일"로 표시되어 최근에 생산한 제품임을 알 수 있다.

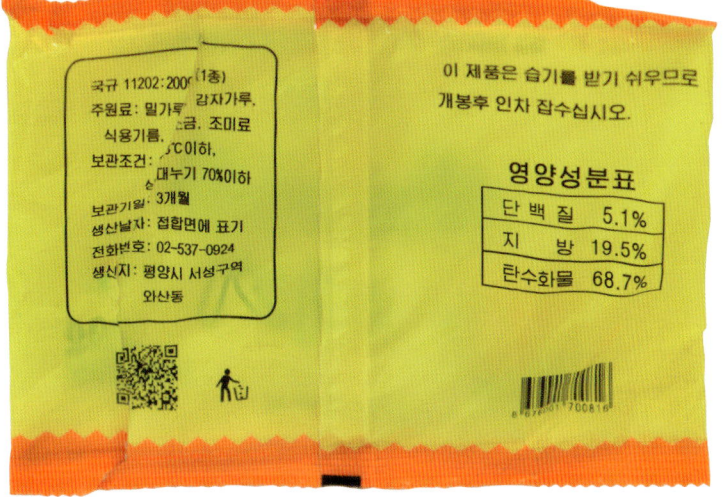

선봉빵공장에서 생산한 감자가루 튀기 과자에 생산날자가 2020.12.01로 표기되어 있다

사상과 정서를 담은 글씨체

자본주의 시장경제에서 소비자들의 구매 선택을 받기 위해 중요한 요소가 광고인데 그중에서도 서체는 그 자체만으로도 광고 효과가 크다. 최근에 북한에서도 제품 광고를 하기 때문에, 서체는 제품을 알리는 주요한 요인이다.

북한에서는 상품뿐만 아니라 상업 간판이나 선전판 등에 쓰이는 서체의 중요성을 강조한다. 북한의 대표적인 서체는 '청봉체'인데 백두산 청봉 밀영지에서 이른바 구호나무에 새겨진 서체로 알려져 있다. 사상과 정서가 반영된 '우리식의 고유한 서체'를 내세운다. 심지어 외부정보 유입에 따른 사상이완을 막고자 남한식 서체까지 금지하기도 했다. 한마디로 '얼빠진 괴뢰 말투와 서체를 쓰는 자체가 명백히 썩어빠진 부르주아 생활양식과 풍습'이라는 것이다. 단순히 디자인면에서뿐만 아니라 사상의 전달이라는 목적에서 서체의 중요성이 강조되기에, 북한상품에서도 서체는 해당 제품의 특성뿐만 아니라 특별한 의미를 담는다.

이번 조사에서 살펴본 북한상품 포장지의 주요 서체는 해당 품목별로 거의 중복되는 서체가 없을 정도로 상품마다 고유한 서체를 사용하고 있다.

예를 들어 과자류에 속하는 쵸콜릿의 경우 북한에서는 '쵸콜레트'로 표기하는데 공장별로 서체가 다르다. 이는 상표와 구분되는 것으로 상품명을 표기하는 공통된 단어도 각각 다른 서체를 사용했다. 같은 공장에서 생산한 제품이라도 종류에 따라 서체가 다른데, 예를 들어 〈운하대성식료공장〉에서 생산한 '파이내플향 쵸콜레트'와 '커피맛 쵸콜레트'는 같은 공장 제품이지만 다른 서체임을 알 수 있다. 또한 〈경흥은하수식료공장〉에서 생산한 쵸콜레트 역시 첨가물에 따른 종류에 따라 포장지 서체가 다르다.

각 공장 제품별 '쵸콜레트' 서체

공장/브랜드	상품명	서체
운하대성식료공장 / 대하	파이내플향 쵸콜레트	
	커피맛 쵸콜레트	
경흥은하수식료공장 / 경흥	쵸콜레트	
	우유맛 쵸콜레트	

한국산 제품 디자인 짝퉁

　북한에서 생산한 제품 포장지를 보면 같은 품목의 한국산 제품을 카피한 듯한 디자인이 눈에 띈다. 전체적인 색상이나 특정 도안 그리고 내용물의 형태가 비슷한데 특히 과자류 제품에서 많이 발견된다.

당과류

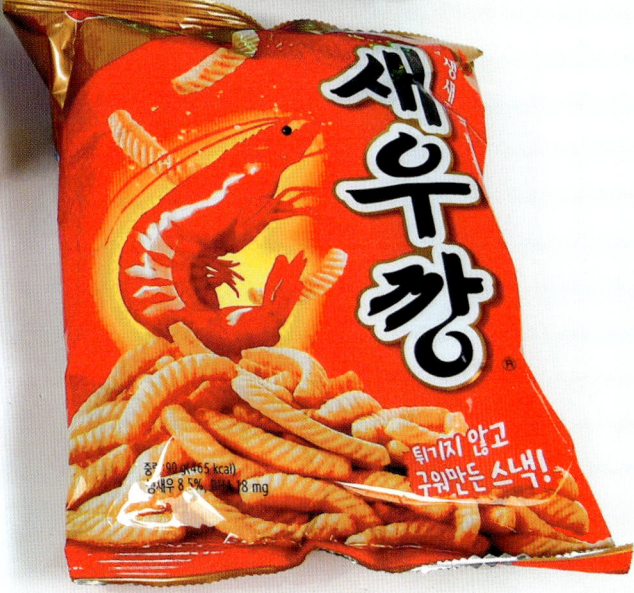

● 북한의 금컵
  쵸콜레트 단설기와
  한국의 오리온 초코파이

● 북한 유아종합식료공장의
  새우맛튀기와
  한국 농심의 새우깡

● 북한 선흥식료공장의
  감자튀기와
  한국 농심의 포스틱

● 북한 선흥식료공장의
바나나 튀기과자와
한국 농심의
바나나킥

● 북한
광복신건식료공장의
백합과자와
한국 해태제과의
웨하스

● 북한 금컵체육인
종합식료공장의
겹과자와
한국 롯데제과의 롯샌

봄노을 우유과자

'봄노을'이라는 브랜드를 사용하는 〈련못식료생산사업소〉에서 생산한 우유과자다. 봄노을이라는 브랜드와 련못이라는 공장명이 정겨운 느낌마저 준다. 최소한 아이들이 먹는 과자에는 정치선전 구호를 넣지 않은 것일까?

어린이과자: 주원료는 다시마가루?

'려명'이라는 브랜드의 '서산려명식료공장'에서 '어린이과자'라는 제품을 생산한다. 영양성분표를 보면 100g당 탄수화물이 65.8g, 지방이 18.1g이다. 주원료는 밀가루, 사탕가루, 우유가루, 다시마가루, 빠다인데 과자원료로 다시마가루를 넣은 게 특이하다.

은방울 껌: 박하향, 사과향, 복숭아향

〈평양껌공장〉이라는 공장명에서 알 수 있듯 평양껌공장에서는 '은방울'이라는 브랜드를 달고 다양한 껌을 생산하고 있다. 박하향, 사과향, 복숭아향 껌 등 주로 향첨가물이 많이 들어간 제품이다.

고구마 강정: 대장운동이 활발해 지고 피부가 부드러워진다?

강원도 원산시 석현동으로 표기된 〈송도원종합식료공장〉에서 생산한 '쌀강정'과 '고구마강정' 제품이다. '고구마강정'에 표기된 선전문구가 눈에 띈다.

" 고구마를 정상적으로 먹으면
　대장운동이 활발해지고
　피부가 부드러워집니다 "

황해북도체육인후방물자생산사업소: '필승' 브랜드를 달고

북한에서 '후방사업'이란 "사회의 모든 성원들이 자기의 초소에서 맡은 일을 더 잘할 수 있도록 그들의 먹고 입고 쓰고 사는 문제를 잘 보살펴 주고 생활상 편의를 돌보아주는 일"을 의미한다. '필승'이라는 브랜드를 사용하는 〈황해북도체육인후방물자사업소〉에서 쵸콜레트 참깨강정을 생산한다. 공장주소는 황해북도 사리원시 절산동으로 표기되어 있다.

황해북도속도전청년돌격대 수출원천생산사업소

〈황해북도체육인후방물자생산사업소〉와 함께 〈황해북도속도전청년돌격대수출원천생산사업소〉도 눈에 띄는 공장이다. 북한에서 청년돌격대는 청년동맹 산하 조직으로 청년자원자들을 병역 대신 건설장이나 해안방어진지 등에 투입하는 조직이다. 말은 자원입대지만 한마디로 강제동원이나 다름없이 청년들을 험지로 내모는 전형적인 국가주의 조직이다. 청년들의 피눈물로 만든 〈황해북도속도전청년돌격대수출원천생산사업소〉의 쵸콜레트 참깨강정은 과연 어떤 맛일까?

선흥식료공장: 건강에 매우 좋은 과자?

〈선흥식료공장〉에서는 '영양단묵', '사과 튀기과자', '소고기맛 감자튀기', '불고기맛 감자튀기' 등 다양한 제품을 선보이고 있다. 그런데 이들 과자 제품의 특성을 보면 영양제 보다 효능이 좋은 것 같다. 포장지 안내문구에는 "사람의 몸에 꼭 필요한 비타민과 무기질성분 함유"부터 "소화장애가 없고 먹기 편리"는 물론 심지어 단나무 열매가 진정작용과 강한 살균작용을 하는데 주 원료로 함유되었다고 강조한다.

● 선흥식료공장에서 생산한 과자 제품들

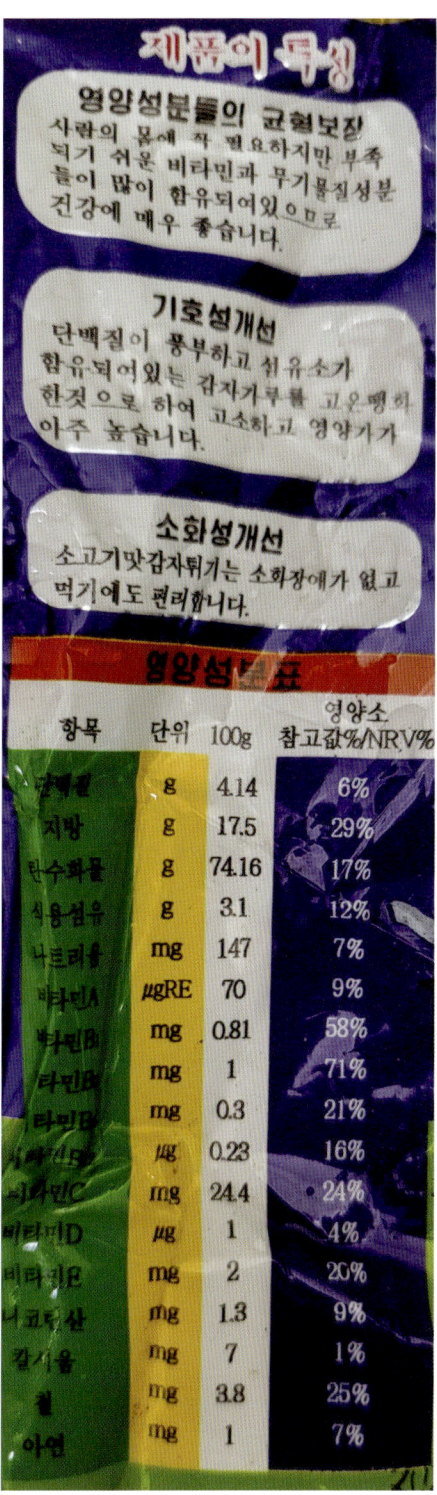

'우리식' 캐릭터: 만화영화 '영리한 너구리'가 과자 포장지에

상품을 효과적으로 전달하기 위해서는 특정한 상표와 함께 캐릭터를 주로 사용한다. 북한 역시 산업미술에 대한 강조는 상품별 '상표도안'과 함께 '캐릭터'를 삽입하는 형태로 나타난다. 자본주의 양식처럼 화려하고 개성 있는 캐릭터라기보다 상품을 연상케 하는 직관적인 형태의 캐릭터 도안이 많다. 특히 북한 당국은 현재 자력갱생과 국산품 애용을 강조하면서 '우리식 캐릭터' 도안을 강조한다.

2021년 3월 10일 로동신문 기사에 따르면 "우리의 것을 더 많이, 더 좋게, 더 빨리 창조하는데 자력갱생, 간고분투의 보람이 있으며 자급자족하는 길이 있다"라며, 신문은 과거 김정은이 지난 2014년 평양양말공장 현지지도 당시 외국 만화영화에 나오는 동물이 새겨진 양말을 보고는 '영리한 너구리'에 나오는 동물들로 바꾸라고 지시한 일화를 소개했다. 조선 4.26 만화영화촬영소에서 제작한 '영리한 너구리'는 80년대 대표적인 북한 만화영화로 유명하다.

실제로 평양양말공장에서 생산하는 양말 외에도 북한상품 중에는 '영리한 너구리' 캐릭터를 삽입한 사례가 많다. 〈경흥은하수식료공장〉에서 생산한 '닭고기맛튀기과자' 포장지에는 '영리한 너구리' 캐릭터가 삽입되어 있다.

북한 상품 포장지에 그려진 캐릭터

공장	브랜드	상품명	캐릭터
영봉식료공장	영봉	박하향 사탕	
평양곡산공장	은하수	은하수알사탕	
수림식료공장	수림	스피룰리나 빠다단졸임 소빵	
금은산무역회사 운하금은산상점	금은산	후추가루	
선봉빵공장	청춘	감자가루 튀기	
경흥은하수 식료공장	경흥	닭고기맛 튀기과자	

EXHIBITION
02

제빵류

EXHIBITION 02
제빵류

　　북한에서 빵은 재료와 형태에 따라 크게 '단설기', '단졸임소빵', '소빵', '스피룰리나', '와플', '튀긴빵', '효모빵' 등으로 분류할 수 있다.

　　이번 조사에서는 85종류, 163점의 제빵류 포장지를 주웠다. 공장별로 보면 〈금컵체육인종합식료공장〉에서 단설기, 소빵, 튀긴빵, 효모빵 등 13종류의 빵 제품을 생산한다. 그 다음으로 〈송도원종합식료공장〉에서는 9종류를 생산하는데 스피룰리나, 고기겹빵 등이며, 〈오일종합가공공장〉 역시 와플, 칼시움빠다소빵 등을 비롯해 9종류의 빵 제품을 생산하는 것으로 확인되었다.

　　이외에도 〈관문식료사업소〉, 〈유아무역회사〉, 〈선흥식료공장〉, 〈경흥은하수식료공장〉, 〈구룡포식료가공사업소〉, 〈운하대성식료공장〉, 〈전진식료공장〉, 〈평양남새가공공장〉, 〈조선신흥무역총회사〉, 〈신흥무역총회사〉, 〈원산기초식품공장〉, 〈고려식료가공공장〉, 〈수림식료공장〉, 〈묘향덕상합영회사〉, 〈릉라회사〉, 〈례성강식료공장〉, 〈성북묘향상점〉, 〈조선대보무역회사〉, 〈원산봉화상점〉, 〈경흥식료품가공공장〉 등 모두 23개 공장에서 빵을 생산한다.

No.	품명	브랜드	공장명	공장주소	공장전화번호
1	꽈배기	금컵	금컵체육인종합식료공장	평양시 만경대구역 서산동	02-370-8306
2	파이내플향 초콜레트단설기				
3	포도향 초콜레트단설기				
4	초콜레트단설기				
5	바나나향 초콜레트단설기				
6	복숭아향 초콜레트단설기				
7	대추단설기				
8	홍당무우소빵				
9	고소한튀긴빵				
10	과일향 쵸콜레트단설기				
11	카르니틴 효모빵				
12	강냉이효모빵				
13	단졸임소빵	꽃구름	관문식료사업소	평양시 보통강구역 류경1동	02-471-3674
14	과일향 빠다단설기			평양시 락랑구역 관문1동	02-973-3256
15	빠다 겸 효모빵				02-973-2748
16	호두영양단설기				
17	영양식품 호두단설기				
18	과일크림단빵				
19	와플	영봉	유아무역회사	평양시 락랑구역 승리2동	.
20	쵸콜레트우유빵				
21	귤향 단설기			평양시 락랑구역 승리1동	.
22	빠다단졸임 소빵			강원도 원산시 석재동	057-51-1278
23	쵸콜레트효모빵			평양시 락랑구 승리2동	.
24	스피룰리나 크림겹빵				
25	딸기크림겹단설기	선흥	선흥식료공장	평양시 만경대구역 칠끌2동	02-765-1628, 02-765-4269
26	소젖 크림겹빵			.	.

No.	품명	브랜드	공장명	공장주소	공장전화번호
27	꽈배기	송도원	송도원종합식료공장	강원도 원산시 석현동	057-51-1278
28	파이내플향				765-1628
29	초콜레트단설기				
30	포도향 초콜레트단설기			강원도 원산시 석현동	
31	초콜레트단설기				057-51-1278
32	바나나향 초콜레트단설기			강원도 원산시 석재동	765-2111, 765-1501
33	복숭아향 초콜레트단설기				02-765-1501
34	대추단설기				02-765-2111
35	홍당무우소빵				02-765-1501
36	고소한튀긴빵	경흥	경흥은하수식료공장	평양시 만경대구역 칠골2동	.
37	과일향 쵸콜레트단설기				
38	카르니틴 효모빵				
39	강냉이효모빵				
40	단졸임소빵	흥륭	구룡포식료가공사업소	강원도 원산시 명사십리동	057-53-1489
41	과일향 빠다단설기	대하	운하대성식료공장	평양시 보통강구역 운하동	.
42	빠다 겹 효모빵	금나라	전진식료공장	평양시 락랑구역 전진동	02-936-2864
43	호두영양단설기	명경	평양남새가공공장		.
44	영양식품 호두단설기	첫눈	조선신흥무역총회사	평양시 보통강구역 류경1동	02-471-3674
45	과일크림단빵		신흥무역총회사		02-471-3674, 02-471-3594
46	와플	원산	원산기초식품공장	강원도 원산시 복막동	057-53-4351
47	쵸콜레트우유빵	수림	고려식료가공공장	평양시 중구역 동흥동	.
48	귤향 단설기				
49	빠다단졸임 소빵		수림식료공장	평양시 선교구역 감안1동	02-667-0906
50	쵸콜레트효모빵				
51	스피룰리나 크림겹빵				
52	딸기크림겹단설기				
53	소젖 크림겹빵				

No.	품명	브랜드	공장명	공장주소	공장전화번호
54	찔광이영양빵	.	.	.	.
55	와플	5월1일경기장	오일종합가공공장	평양시 중구역 경상동	02-370-8306
56	해바라기씨 빠다겹빵				02-370-8305
57	딸기단졸임소빵				
58	칼시움 빠다소빵				
59	칼시움 빠다속빵				
60	들깨소빵				
61	사과단졸임소빵				
62	말린포도 마요네즈겹빵				
63	빠다속빵				
64	단졸임소빵	별보라	묘향덕상합영회사	평양시 서성구역 와산동	02-537-0835
65	빠다 단졸임소빵	새희망	강성무역회사	.	.
66	과일단빵	릉라	릉라회사	평양시 락랑구역 관문1동	02-479-291
67	빵				02-973-2262
68	팥소 튀긴빵	성흥	례성강식료공장	강원도 원산시 석현동	057-61-5968
69	빠다크림 겹빵				057-61-5969
70	찰떡	약동	성북묘향상점	평양시 보통강구역 붉은거리1동	02-869-1441
71	쫄깃쫄깃찰떡	금컵		평양시 만경대구역 서산동	02-736-3376, 02-537-0675
72	팥소빵	청춘	.	평양시 서성구역 와산동	02-537-1020
73	빠다 겹빵	대성천	조선대보무역회사	.	02-455-1054
74	쵸콜레트단설기	봉화	원산봉화상점	강원도 원산시 갈마동	057-53-3080
75	양파맛 효모빵	경흥	경흥식료품가공공장	.	.

03 단설기

북한에서 부드러운 카스테라 빵을 뜻하는 단설기는 〈금컵체육인종합식료공장〉, 〈관문식료사업소〉 등에서 생산하고 있다. 첨가물에 따라 딸기, 쵸콜레트, 소젖크림, 호두영양, 우유크림, 빠다, 귤향, 스피룰리나, 기름, 빠다겹 단설기 등 그 종류만 30여종에 이른다.

No.	품 명	브랜드	공 장
1	파이내플향 초콜레트단설기	금컵	금컵체육인종합식료공장
2	포도향 초콜레트단설기		
3	초콜레트단설기		
4	바나나향 초콜레트단설기		
5	복숭아향 초콜레트단설기		
6	대추 단설기		
7	과일향 쵸콜레트단설기		
8	과일향 빠다단설기	꽃구름	관문식료사업소
9	호두영양 단설기		
10	영양식품 호두 단설기		
11	귤향 단설기	영봉	유아무역회사
12	딸기크림겹 단설기	선흥	선흥식료공장
13	과일단졸임 겹단설기	송도원	송도원종합식료공장
14	스피룰리나 크림소 단설기		
15	참깨를 넣은 맛있는 기름 단설기		
16	빠다겹 단설기	경흥	경흥은하수식료공장
17	빠다 단설기		
18	우유크림소 단설기	흥룡	구룡포식료가공사업소
19	단설기	대하	운하대성식료공장
20	소젖크립겹 단설기	금나락	전진식료공장
21	스피룰리나 단설기	명경	평양남새가공공장
22	딸기 단설기	첫눈	조선신흥무역총회사
23	우유크림소 단설기	원산	원산기초식품공장
24	호두 단설기	수림	수림식료공장
25	쵸콜레트 단설기	봉화	원산봉화상점

쵸콜레트 단설기: 금컵체육인종합식료공장의 시그니쳐 상품?

〈금컵체육인종합식료공장〉에서 생산하는 쵸콜레트 단설기는 그 종류만 7종에 이른다. 포도향, 과일향, 파이내플향, 바나나향 등 주로 과일향 첨가물에 따라 다양한 제품을 선보이고 있다. 주원료는 밀가루, 쵸콜레트, 과일향, 사탕가루, 빠다, 닭알 등이다. 제품 포장지 역시 해당 과일의 사진을 넣어 색상을 달리했다.

 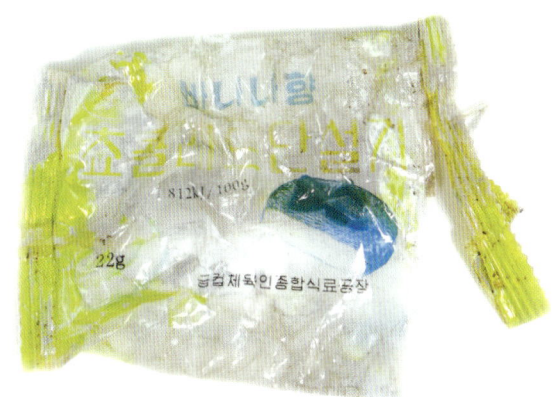

소젖크림 겹단설기: 영양가 높은 우유식품

〈전진식료공장〉에서 생산한 '소젖크림 겹단설기' 제품의 주원료는 밀가루, 사탕가루, 소젖크림, 닭알, 코코아이며 보관기일은 10일이다. 제품 포장지에 '영양가 높은 우유식품'이라는 안내문구가 쓰여 있다. 〈전진식료공장〉에서 사용하는 브랜드는 '금나락'으로 디자인 요소가 눈여겨 볼만하다.

호두단설기: 아침식사로 그저 그만인

〈수림식료공장〉에서 생산하는 '호두 단설기'제품은 다른 제품과 달리 포장지에 유독 선전문구를 강조한다. "새 아침을 맞는 사람들, 특히 학습에 열중하는 대학생들과 사무원들을 위하여…" 라는 안내문구와 함께 "아침식사로 그저 그만인"제품으로 선전한다.

제품 포장지 뒷면에는 "고단백식료품이며 질적이나 량적인 측면에서 고기류보다 좋은 단백질 공급원천으로 됩니다"라는 문구가 쓰여 있다.

한편, 이 제품은 포장지 앞면 서체만 6종류에 이르며 호두와 제품 사진을 넣어 굉장히 화려하게 디자인 되었다.

수림
호두단설기
수림식료공장
대학생들과
사무원들을
위하여···

딸기단설기의 브랜드는 첫눈

〈조선신흥무역회사〉에서 생산한 딸기 단설기 포장지에는 "향기롭고 맛있고 영양가 높은"이라는 안내문구가 쓰여있다. 딸기 사진을 넣어서 디자인했는데, '첫눈'이라는 브랜드와 색상 조합을 고려한 듯 하다. 상품 브랜드 '첫눈'이라는 이름과 디자인 요소가 유독 눈에 띈다.

참깨를 넣은 맛있는 기름단설기

〈송도원식료공장〉에서 생산한 '기름단설기' 제품에는 '참깨를 넣은 맛있는' 이라는 수식어를 달았다. '생산날자 접합면에 표기'라고 되어 있는데 자세히 보면 생산일이 제품 옆면에 '2020.9.11.'로 새겨져 있다. 설기는 카스테라를 의미하는 북한말인데, 이 제품 포장지에는 이를 잘 보여주는 사진이 있다.

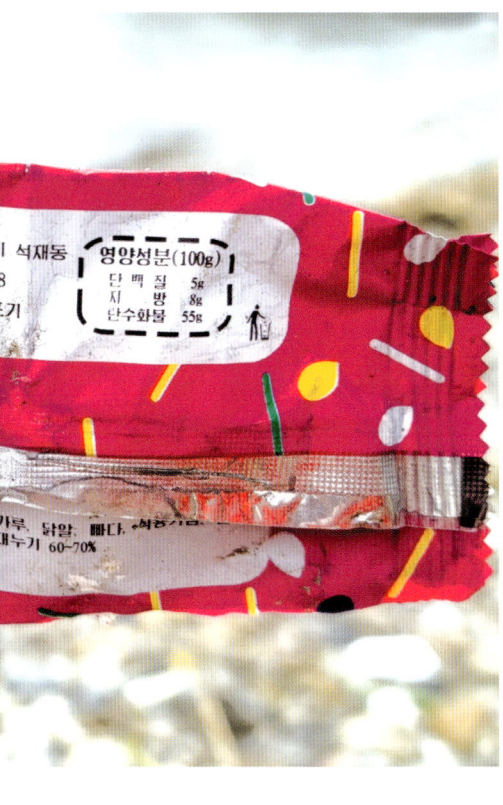

04 스피룰리나

"21세기 가장 리상적인 식료품"

스피룰리나는 염도가 높은 강알칼리성 바다에서 서식하며, 고영양의 식품 재료로 사용됐다. 단백질과 비타민 등 50여 종의 영양소를 포함하고 있어 2014년 유엔식량농업기구에서는 미래의 식량으로 지정하기도 했다. 스피룰리나는 단백질 함유량이 60% 이상이며, 소화흡수율이 95% 이상으로 소화가 잘된다.

북한에서는 스피룰리나를 "21세기 가장 리상적인 식료품"으로 선전하며 다양한 제품을 생산하고 있다. 2016년 5월 30일자 〈조선의 오늘〉 보도에 따르면 "제19차 평양봄철국제상품전람회에서 21세기 생명과 장수의 길동무라고 불리우는 스피룰리나 제품들이 주목을 받았다"고 한다.

이어서 2019년 5월 5일자 로동신문 "우리의 원료에 의거한 새 제품개발의 밝은 전망"이라는 제목의 기사에서는 "백승종합식료공장에서는 리상적인 록색건강식품의 원료인 스피룰리나를 자체로 배양하여 스피룰리나싸락차, 스피룰리나단졸임, 피코시아닌에네르기활성음료를 비롯한 많은 제품을 개발하였다"고 보도했다. 〈백승종합식료공장〉에 대한 로동신문 기사는 계속 이어지는데, 2021년 7월 18일자 기사를 보면 "사람의 건강에도 좋고 성장을 촉진시키는 영양성분이 많이 함유되여있는 스피룰리나를 리용하여 여러가지 기능성식료품을 생산하고있는 공장에서는 올해에 들어와 단졸임생산공정을 새로 꾸려놓는 성과를 이룩하였다"고 전한다.

한편, 2018년 12월 4일자 로동신문에는 "평양어린이식료품공장에서 새 제품개발사업이 힘있게 벌어져 성과가 이룩되고 있다. 최근 공장에서는 스피룰리나콩우유가루, 프룩토올리고당요구르트, 케피르, 콩신젖을 비롯하여 어린이들의 건강증진에 이바지하는 기능성식료품들을 개발하였다. 이번에 개발된 스피룰리나콩우유가루는 21세기 가장 리상적인 식료품으로 알려진 스피룰리나를 콩우유가루에 첨가하여 만든 기능성건강제품으로서 어린이들의 면역강화와 성장발육에 대단히 좋은 식료품이다"고 선전한다.

스피룰리나 제품은 모두 4종으로 크림겹빵, 단졸임소빵, 크림소 제품에 스피룰리나를 첨가한 형태다. 〈유아무역회사〉, 〈평양남새가공공장〉, 〈수림식료공장〉, 〈송도원종합식료공장〉 등에서 생산한다.

No.	품 명	브랜드	공 장
1	스피룰리나 크림겹빵	영봉	유아무역회사
2	스피룰리나 크림소단설기	송도원	송도원종합식료공장
3	스피룰리나 단설기	명경	평양남새가공공장
4	스피룰리나 빠다 단졸임소빵	수림	수림식료공장

스피룰리나단설기, 스피룰리나크림소단설기, 스피룰리나빠다단졸임소빵, 스피룰리나크림겹빵 등 스피룰리나를 첨가한 다양한 종류의 빵 제품이 있다.

수림식료공장의 스피룰리나 3총사: 훌륭한 생물 영양 보물고

〈수림식료공장〉은 소빵, 효모빵, 단졸임소빵, 영양빵 등 다양한 빵 제품을 생산한다. 그중에서도 스피룰리나 빠다단졸임소빵이 시그니처 메뉴로 보인다. '리상적인 건강식품'이라는 안내문구와 함께 '빠다단졸임소빵'만 3종류에 이를 만큼 다양하다. 특히 포장지의 재질이나 색상이 화려하며 캐릭터가 각각 디자인되어 있다.

평양남새(채소)공장에서 만든 단설기

'명경'이라는 브랜드를 사용하는 〈평양남새가공공장〉에서 스피룰리나 단설기 제품을 생산한다. 남새는 채소를 이르는 말로 남새가공공장에서 제빵류를 생산하는 것도 특이하다. 포장지에는 영양성분표가 표기되어 있는데 단백질 9.1g, 지방 14.6g, 탄수화물 70.3g으로 탄수화물이 대부분을 차지한다. 보관기일은 여름 7일, 봄·가을 10일, 겨울 15일로 구분해 표기했다.

인체동식이섬유 품은 스피룰리나 단영감기： 과정원고(?)

〈수도칭운신도공장〉에서 생산하는 '스피룰리나 드링감기'도 공장기 원에서 표기한 안내문이다. 아이들이 좋아하기 1년 유산톱템에서부터 성인들의 건강관리, 중년강강정의 예방에 좋은 먹거리 중에서 스스로 우수한 먹거리인 '스피룰리나 청량음료' 등 1%로 쓰여 있다.

인체에 필요한 조성성분으로 다양한 21세기 건강녹색식품인 스피룰리나를 농축하여 만들었으므로 아이들이 기호하며 성인 남, 여및 노년환자들이 장복함으로 일부 만성병, 중년병을 예방하여 신체의 면역력을 높이는 건강식품입니다.

NO.	품명	브랜드	공장
1	스비블리나 그림껌장	용양	만아약용종합사
2	수정 그림껌장	수정	식품공장
3	고기단껌	운동정	송도원식품공장
4	해드 껌장	곡산	식료약용종합사
5	해마가리씨 해드다껌	5월1일 경기장	오운동경기장공장
6	발라프로 아모네도껌장		
7	해드금 껌장	용등	해정경시포장장
8	해드 껌장	대장정	조선대의약해사

북한에서는 껌바디를 '고기단'이라고 부른다. '고기단'은 주로 포장지로 포장된 형태로 제시되어 있다. 껌발 종류로는 주로 8종으로 경장용 껌바디, 크기, 베다, 아요바디, 장뼈 등이 제시되어 있다. <신종약용종장사>, <해정경시포장장> 등에서 생산된다.

'소젖 크림겹빵'과 '소젖크림'의 차이

〈전진식료공장〉에서 생산한 '소젖크림 겹단설기' 제품은 '소젖크림'으로〈선흥식료공장〉제품은 '소젖'과 '크림겹빵'을 구분해서 표시했다. 주원료로 밀가루, 사탕가루, 소젖크림, 닭알로 표기한 걸로 봐서는 '소젖크림'을 붙여서 한 단어로 쓰는게 맞는 것 같다.

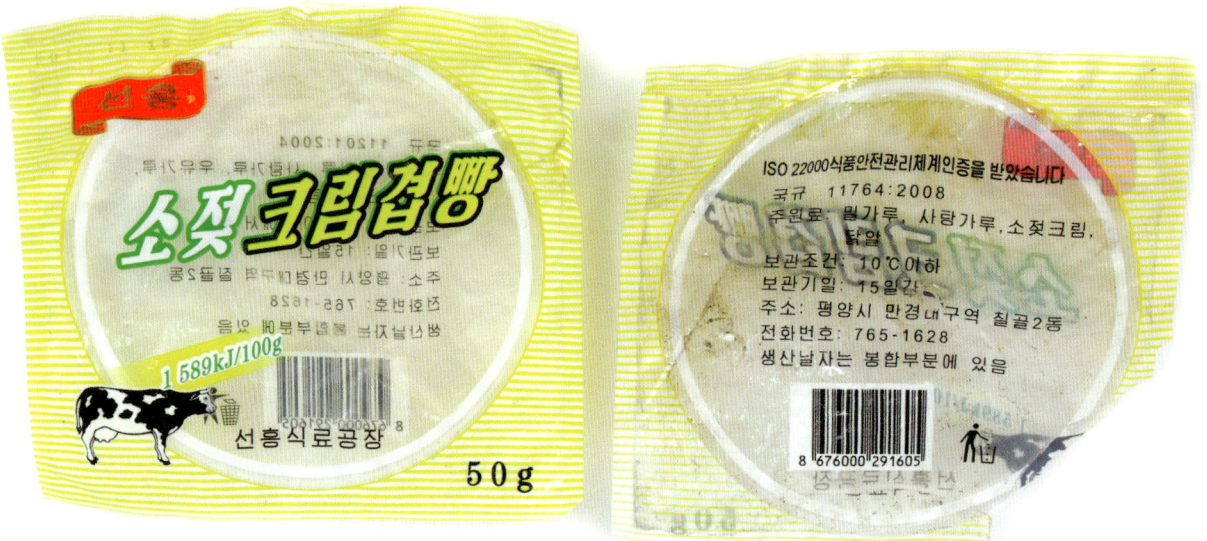

<전진식료공장>의 '소젖크림 겹단설기'   <선흥식료공장>의 '소젖 크림겹빵'

서해5도에서 북한쓰레기를 줍다

말린포도 마요네즈겹빵

〈오일종합가공공장〉에서 생산한 '말린포도 마요네즈겹빵'의 맛이 궁금하다. 주원료는 밀가루, 사탕가루, 말린포도, 마요네즈, 닭알, 식용기름, 사과단졸임, 효모 등이다. 보관기일은 20일이며 '국규22000(ISO 22000) 식품안전관리체계인증'을 받았다고 한다.

해바라기씨 빠다겹빵

이 공장에서 만든 제품중에는 '해바라기씨 빠다겹빵' 제품이 있는데 주원료에 해바라기씨가 들어 있어 붙여진 제품명인 것 같다. "제품에 이상이 있을 때에는 경우에 따라 대책하여 드립니다"라는 안내문구가 포장지 앞면에 새겨져 있다. 소를 형상화한 포장지 디자인인데 해바라기씨라는 제품명에 충실했던지 소 귀에 해바라기를 그려 넣었다.

'꼴바싸'가 주원료인 고기겹빵(햄버거)

북한에서 소시지를 러시아식 발음으로 '꼴바싸'라고 부른다. 실제로 포장지에는 소시지 모양을 형상화한 디자인을 넣었다.

주원료	밀가루, 사탕가루, 빠다, 닭알, 꼴바싸, 마요네즈
보관조건	서늘하고 건조한곳
보관기일	7일
생산지	접합면에 표기

06 소빵

소빵은 빵 안(속)에 팥이나 빠다, 들깨 등의 첨가물을 넣은 빵을 의미한다. 내용물에 따라 홍당무우, 칼시움, 들깨, 꿀, 팥소빵 등의 종류가 있다. 〈오일종합가공공장〉에서 생산한 소빵이 4종류이며, 〈선흥식료공장〉과 〈금컵체육인종합식료공장〉등에서 생산한다. 소빵의 보관기일은 모든 제품이 똑같이 7일로 표기되어 있다.

No.	품 명	브랜드	공 장
1	홍당무우소빵	금컵	금컵체육인종합식료공장
2	칼시움 빠다소빵	5월1일 경기장	오일종합가공공장
3	들깨소빵		
4	꿀소빵		
5	칼시움 빠다속빵		
6	팥소빵	청춘	선흥식료공장

칼시움 빠다소빵: 물고기뼈가루

〈오일종합가공공장〉의 특색있는 제품이라고 해야 할까? 칼시움을 강조한 빠다소빵 종류가 다양하다. 주원료로 밀가루, 물고기뼈가루, 사탕가루, 식용기름, 소금이 들어 있다. 물고기뼈가루를 제외한 다른 원료들은 빵 제품에 모두 포함되는 원료다. 칼시움(칼슘)을 강조하는 제품 특성상 물고기뼈가루가 주원료에 포함된 듯하다. 포장지 색깔이 노란색, 초록색, 빨간색으로 3종류인데, 주원료는 같아 포장지 색상만 달리해 변화를 준 것으로 보인다.

'홍당무우소빵'에는 홍당무우가 들어있다(?)

소빵은 빵 안(속)에 어떤 재료를 첨가하느냐에 따라 종류가 달라진다. 'ISO 22000식품안전관리체계인증을 받았다'는 홍당무우소빵은 〈오일종합가공공장〉 제품이 유일하다. 포장지 뒷면에는 "홍당무우를 당분과 함께 졸여 빵속에 넣어 만든 단졸임"이라고 쓰여 있기 때문에 단졸임소빵으로 분류해야 하지만, 품목이 소빵으로 되어 있다. 주원료는 밀가루, 사탕가루, 닭알, 빠다와 함께 홍당무우가 첨가되어 있다.

07 단졸임소빵

'소빵'과 달리 '단졸임소빵'은 당분과 함께 졸여서 빵 속(안)에 넣어 만든 빵을 의미한다. 단졸임소빵은 모두 11종류로, 내용물에 따라 왕대추, 과일, 빠다, 딸기, 사과 등의 제품이 있다. 수거한 포장지를 기준으로 볼 때는 빠다 단졸임 제품 수가 제일 많다. 단졸임소빵은 주로 〈수림식료공장〉에서 생산하며 〈묘향덕상합영회사〉, 〈강성무역회사〉, 〈경흥은하수식료공장〉 등이 있다.

No.	품명	브랜드	공장
1	단졸임소빵	금컵	금컵체육인종합식료공장
2	빠다단졸임소빵	영봉	유아무역회사
3	과일 단졸임소빵	송도원	송도원종합식료공장
4	단졸임소빵	경흥	경흥은하수식료공장
5	딸기 단졸임소빵	수림	수림식료공장
6	스피룰리나 빠다 단졸임소빵		
7	빠다 단졸임소빵		
8	딸기단졸임소빵	5월1일 경기장	오일종합가공공장
9	사과단졸임소빵		
10	단졸임소빵	별보라	묘향덕상합영회사
11	빠다 단졸임소빵	새희망	강성무역회사

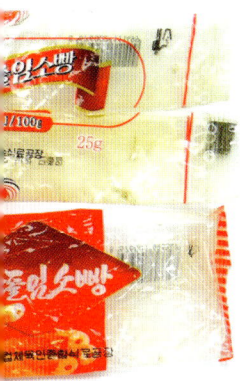

빠다단졸임 모음

빠다단졸임 소빵은 〈유아종합식료공장〉 2종, 〈강성무역회사〉 1종, 〈수림식료공장〉 2종 등의 제품이 있다. 주원료는 우유가루, 빠다, 밀가루, 사탕가루, 닭알이며 보관조건은 10~15°C, 보관기일은 7일이다. 빠다단졸임 소빵 포장지에는 소를 형상화한 디자인이 많다.

여러 종류의 빠다 단졸임 소빵

딸기단졸임 소빵

〈오일종합가공공장〉과 〈수림식료공장〉에서 각각 딸기단졸임 소빵을 생산한다. 주원료는 빠다 단졸임소빵과 똑같이 밀가루, 사탕가루, 우유가루, 닭알, 빠다가 들어가며 제품의 특성에 맞게 딸기단졸임이 추가된다. 공장은 다르지만 두 제품 포장지는 모두 딸기 사진이 들어간 디자인이다.

왕대추

제빵류
08

와플

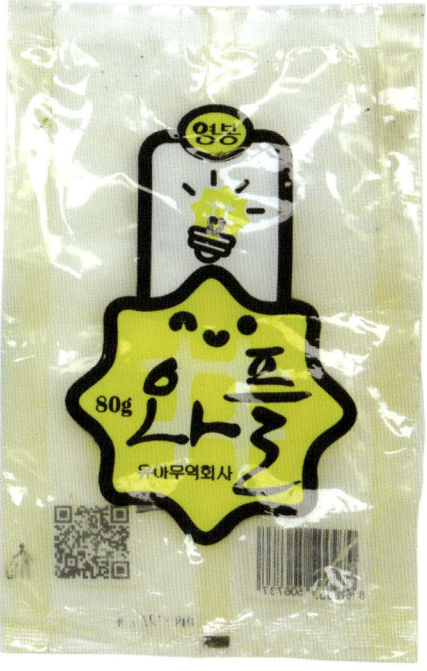

평양 호텔 커피점에서 와플이나 커피, 피자, 햄버거를 판매하는 모습은 북한의 대외선전 사이트를 통해 본 적이 있다. 그런데 '와플'이라고 쓰인 제품을 접한 건 처음이다. 실제로 비교적 최근인 3년 전에 탈북해 국내에 입국한 신의주 출신의 한 탈북민은 '와플'이라고 쓴 이 제품을 북한에 있을 때는 한 번도 본 적이 없다고 한다. 북한에서 구운빵지짐 정도로 풀이되는 와플은 〈유아무역회사〉과 〈오일종합가공공장〉 그리고 〈고려식료가공공장〉 등에서 생산한다. 이 중에서 〈오일종합가공공장〉과 〈유아무역회사〉 제품은 포장지의 재질이나 형태, 디자인이 유사하다.

오일종합가공공장

오플

1 103kJ/100g

80g

와플의 주원료는 중조(?)

와플 제품의 주원료는 3종 제품에 모두 '밀가루, 사탕가루, 우유가루, 물엿, 식용기름, 닭알, 중조, 소금'이 들어간다. 이 중에서 '중조'는 베이킹소다를 뜻한다. 한편, 포장지에 새겨진 QR코드를 검색해 보면 〈와플, 80g/비닐봉지, 보관기일 1개월〉이라는 정보가 검색 된다.

국규 15131:2015 (2종)
주원료: 밀가루, 사탕가루, 우유가루, 물엿, 식용기름, 닭알, 중조, 소금
보관조건: 25℃이하, 상대누기 70%이하
보관기일: 1개월
생산지: 평양시 중구역 경상동
생산날자: 접합면에 표기

09 튀긴빵

튀긴빵은 모두 3종류로, 〈금컵체육인종합식료공장〉, 〈송도원종합식료공장〉, 〈례성강식료공장〉 등에서 생산한다. 〈금컵체육인종합식료공장〉에서 생산한 제품의 주원료는 '밀가루, 우유가루, 사탕가루, 식용기름, 닭알' 정도인데, 〈송도원종합식료공장〉 제품에는 '밀가루, 닭알, 사탕가루, 빠다, 식용기름, 줄땅콩, 팥, 효모, 소금' 등으로 두 제품의 차이가 있다. 보관기일은 7일로 같다.

No.	품 명	브랜드	공장
1	고소한 튀긴빵	금컵	금컵체육인종합식료공장
2	튀긴빵	송도원	송도원종합식료공장
3	팥소 튀긴빵	성흥	례성강식료공장

<례성강식료공장>의 팥소 튀긴빵

레성강(예성강)은 황해북도 수안군에서 발원해 황해남도 배천군을 지나는 강이다. 그런데 례성강 이름이 들어간 례성강식료공장의 주소지는 황해도가 아니라 강원도 원산시로 표기되어 있다.

주원료	밀가루, 우유가루, 빠다, 닭알, 사탕가루, 팥, 식용기름
보관기일	12일
생산지	강원도 원산시 석현동
전화번호	057-61-5968, 057-61-5969

10 효모빵

효모빵은 내용물에 따라 빠다겹, 딸기단졸임, 쵸콜레트, 강냉이, 양파맛, 카르니틴 등 모두 7종류의 제품이 있다. 〈금컵체육인종합식료공장〉에서 2종류의 제품을 생산하며, 〈경흥식료품가공공장〉, 〈경흥은하수식료공장〉, 〈수림식료공장〉, 〈유아무역회사〉, 〈관문식료사업소〉 등에서도 각각 1종류의 제품이 있다.

No.	품 명	브랜드	공 장
1	카르니틴 효모빵	금컵	금컵체육인종합식료공장
2	강냉이효모빵		
3	빠다 겹 효모빵	꽃구름	관문식료사업소
4	쵸콜레트효모빵	영봉	유아무역회사
5	효모빵	경흥	경흥은하수식료공장
6	딸기단졸임 효모빵	수림	수림식료공장
7	양파맛 효모빵	경흥	경흥식료품가공공장

체육인용 식료품

〈금컵체육인종합식료공장〉의 '카르니틴 효모빵'에는 "체육인용 식료품"이라는 문구가 쓰여 있다. 〈금컵체육인종합식료공장〉에서는 과자, 사탕, 빵, 음료류 등 다양한 제품을 생산하고 있는데, 포장지에 이런 문구가 새겨진 건 이 제품이 유일하다.

포장지 일부가 훼손되어 정확히 파악하기는 어렵지만 "OOO의 소모를 방지하여 운동능력을 높여주는"이라는 문구와 카르니틴이라는 성분을 볼 때 기능성 식품으로 추정된다.

주원료에 카르니틴이 들어가는데 포장지 곁면에 카르니틴에 대해 "CH2CHCH2COO (3-히드록시-4-트리메틸아미노버터산)"라는 문구를 새겼다. 카르니틴은 비타민과 유사한 수용성 화합물이다.

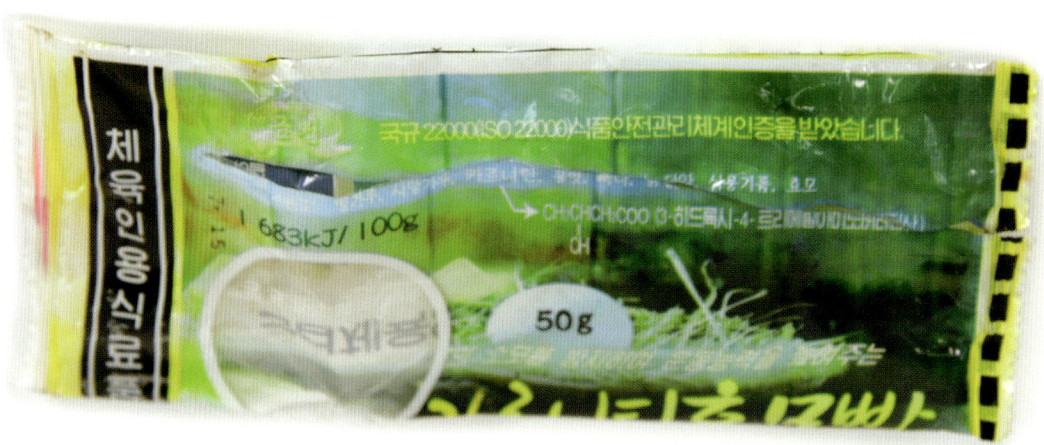

양파맛 효모빵

〈경흥식료품가공공장〉에서 생산한 '양파맛 효모빵' 포장지에는 양파의 효능에 대한 자세한 설명문구를 써놓았다. 양파맛 효모빵은 어떤 맛일지 궁금하다.

> 양파는 동맥경화증, 고혈압, 대장염, 위염, 당뇨병치료에 효과가 있으며 특히 류황과 철성분이 풍부하여 피를 맑게하는 작용을 합니다.

'맛있는' 딸기단졸임 효모빵

〈수림식료공장〉에서는 '딸기단졸임 효모빵'을 생산한다. 주원료는 '밀가루, 사탕가루, 닭알, 빠다, 식용기름, 효모, 딸기'이며, 보관기일은 여름 7일, 겨울 10일이라고 한다. 포장지 뒷면에 쓰인 영양성분표를 보면 단백질 9.5%, 지방 14.2%, 탄수화물 56.1%로 표기되어 있다.

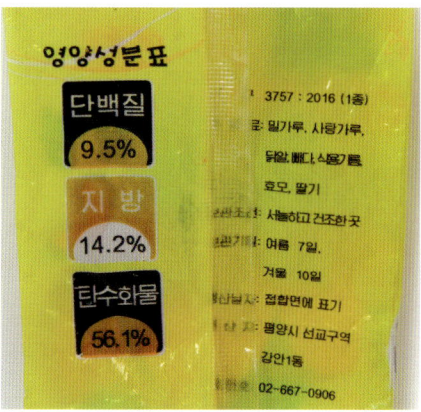

10년 전 생산 제품: 관문식료사업소 빠다겹 효모빵

'꽃구름'이라는 브랜드를 사용하는 〈관문식료사업소〉에서 생산한 빠다겹 효모빵은 다른 제품과 비교할 때 포장지 재질이 좋지 않다. 희미하지만 포장지에 찍힌 생산날자가 2010.10.30.이다. 생산날자만 보면 지금부터 10여 년 전에 생산한 제품이다.

〈관문식료사업소〉에서 생산하는 다른 빵 제품은 '과일향 빠다단설기', '호두영양단설기' 등이다. '호두영양단설기' 제품은 생산날자가 '2019.10.22.'로 표시되어 있는데, 두 제품의 생산날자가 약10년 정도 차이로 포장재질이나 디자인이 확실히 달라졌음을 알 수 있다.

<2010. 10. 30>

<2019. 10. 22>

11 기타

지금까지 살펴본 빵 종류 외에도 〈릉라회사〉의 '과일단빵', 〈수림식료공장〉의 '찔광이 영양빵,' 〈유아무역회사〉의 '쵸콜레트 우유빵', 〈성북묘향상점〉의 '찰떡', 〈금컵체육인종합식료공장〉의 '꽈배기', 〈송도원종합식료공장〉의 '꿀대추 단빵', '프룩토올리고당을넣은빵' 등의 제품이 있다.

No.	품 명		브랜드	공 장
1	단빵	과일크림단빵	꽃구름	관문식료사업소
2		꿀대추 단빵	송도원	송도원종합식료공장
3		과일단빵	릉라	릉라회사
4	꽈배기		금컵	금컵체육인종합식료공장
5	쵸콜레트우유빵		영봉	유아무역회사
6	프룩토올리고당을넣은빵		송도원	송도원종합식료공장
7	찔광이영양빵		수림	수림식료공장
8	찰떡		약동	성북묘향상점
9	쫄깃쫄깃찰떡			

EXHIBITION
03

음료류

12

단물

북한에서는 주스를 단물이라 한다. 설탕과 과일향(즙)이 첨가된 음료수로 용기 재질에 따라 비닐팩, PET(페트병) 제품으로 나눌 수 있다. PET(페트병) 제품은 과일향 첨가물인데 비해 비닐팩은 즙이 들어있어 품질에 다소 차이가 있는 것으로 보인다. PET(페트병)제품의 경우 파도에 밀려오면서 병과 라벨이 분리되어 라벨만 주운 것도 많다. 단물은 500ml 이하 소형용기이며, 탄산단물은 1리터 이상 대형용기를 사용한다.

이번 조사에서 주운 단물 제품은 모두 30종류이며, 중복제품까지 포함하면 약 90여 점이다. 단물 제품은 딸기, 사과, 망고, 바나나 등 과일첨가에 따라 다양한 제품이 출시된다. '5월 1일 경기장'이라는 브랜드를 사용하는 〈오일종합가공공장〉과 〈오일건강음료종합공장〉에서는 각종 과일 첨가에 따라 14종의 제품을, 〈락연식료가공공장〉에서는 왕다래, 파인애플 등 5종의 제품을 생산하고 있다.

No.	품명	브랜드	공장명	공장주소	공장전화번호
1	딸기단물(90ml)	5월1일경기장	오일종합가공공장	.	.
2	딸기단물(150ml)				
3	딸기단물(170ml)				
4	사과단물				
5	망고단물				
6	바나나단물				
7	포도단물				
8	귤단물				
9	왕다래단물		오일건강음료종합공장	평양시 중구역 경상동	02-370-8312
10	귤향단물				02-370-8313
11	파이내플단물				
12	향참외단물				
13	강냉이단물				
14	사과단물				
15	딸기단물	유아	유아제약공장	.	.
16	배단물	경상	대은수출품가공사업소	.	02-435-1318
17	찔광이단물				
18	귤과일단물	금컵	금컵체육인종합식료공장	평양시 만경대구역 서산동	02-736-3376
19	딸기단물				
20	귤단물	락연	락연식료가공공장	평양시 삼석구역 도덕리	02-373-0181, 1141
21	파이내플단물				02-961-5185
22	파이내플향단물				02-936-0983, 02-961-5185
23	왕다래단물				
24	왕다래향단물				
25	배단물	대동강	대동강과일종합가공공장	.	.
26	배향단물	.	삼건무역회사	평양시 만경대구역 칠골3동	02-765-0211, 4024
27	파이내플단물				
28	돌배단물	금컵	금컵체육인종합식료공장	평양시 만경대구역 서산동	02-736-3376
29	배단물	경흥	축전경흥식료공장	평양시 만경대구역 축전1동	02-762-0572, 02-762-0573
30	망고단물				

비닐팩 제품

비닐팩 제품은 과일 종류에 따라 망고, 딸기, 사과, 바나나, 귤, 포도 등인데 주로 〈오일종합가공공장〉과 〈유아제약공장〉에서 생산한 제품이다. 이곳은 북한에서 우유와 요구르트, 아이스크림 등 유제품을 생산하는 대표적인 공장인데, 주로 어린이를 위한 비닐팩 단물 제품을 전문적으로 생산하는 것으로 보인다.

이 제품들은 탄산이나 과일향이 아닌 과일즙이 첨가된 것으로, 포장지에는 실제로 '비타민 B 군 첨가', '어린이 성장 발육', '어린이 키크기' 등의 문구가 표기되어 있다.

과일즙 단물 4총사

〈오일종합가공공장〉에서 생산하는 젖제품 중에는 여러 가지 과일향을 첨가한 제품들이 많다. 우유나 요구르트가 대표적인데 단물 역시 귤, 사과, 딸기, 포도 등 4종류의 과일 단물을 선보이고 있다. 포장지에는 동물 모양을 형상화한 캐릭터가 그려져 있다.

과일즙 단물 4총사 제품과 달리 실제 과일 모양을 디자인한 비닐팩 제품도 있다. 사과, 딸기, 망고를 포장지에 직접 디자인한 제품으로 꼭지를 잘라서 마시는 형태의 용기로 디자인되었다.

포장지 재질의 변천사

서해5도 지역은 파도에 떠밀려온 북한 생활 쓰레기가 수년이 지나도록 그대로 방치되는 경우가 많다. 모래에 묻히거나 해안가와 접한 숲 더미에 쌓이면 수십 년 동안 그 자리에 놓인다. 특히, 민간인의 출입이 오랫동안 통제되었다가 최근에 개방된 해안가에는 오래전 제품 포장지를 발견할 수 있다. 생산 연도 표기가 없는 북한 쓰레기로는 확인하기 어렵지만, 한국산 제품 포장지를 보면 대략 1970-80년대 제품 포장지가 발견된다.

서해5도에서 주운 북한 제품 포장지에는 대부분 생산연도 표기가 없다. 가장 최근 생산표기일은 2020년 12월 제품이다. 그런데 재질이나 종류 그리고 습득했을 당시의 위치에 따라 대략 제품의 생산일을 가늠해 볼 수 있다. 예를 들어 〈오일종합가공공장〉에서 생산한 동일 제품 포장지를 보면 과거와 현재의 상품을 대략 구별할 수 있다. 아래에서 보는 것처럼 단순히 비닐 튜브형 단물 포장지는 이후 비닐재질로 그리고 최근에는 폴리에틸렌 재질의 튜브형으로 변화됨을 알 수 있다.

페트병(PET) 제품

배단물: 자연의 맛과 향기

비닐팩 제품과 마찬가지로 페트병 역시 각종 과일 첨가물에 따라 다양한 제품이 출시되고 있다. 배단물은 〈삼건무역회사〉에서 450ml와 500ml 용량의 2종 제품을 비롯해 〈대동강과일종합가공공장〉, 〈축전경흥식료공장〉 등에서 생산하고 있다. 특히, 〈대동강과일종합가공공장〉에서는 단물, 식초, 즙 등 다양한 제품을 생산하는데, 평양 려명거리에 〈모란봉대동강과일직매점〉을 운영하고 있다.

● 봉인을 뗀 후 인차 마시십시오(개봉한 후에는 즉시 드시기 바랍니다)

● 파이내플단물

망고단물: 천연망고즙 함유

망고단물은 '경흥'이라는 브랜드를 사용하는 〈축전경흥식료공장〉과 '대하'라는 브랜드의 〈운하대성식료공장〉에서 생산하고 있다. 두 제품 모두 포장용기에 망고 사진을 넣은 디자인으로 만들었다.

〈운하대성식료공장〉에서 만든 '망고단물'은 망고즙함유량이 10%, 당함유량이 5%로 표기되어 있으며, 보관기일은 3개월이다. 생산날자가 병마개에 표기되었다는 문구를 보고, 병마개를 살펴보니 2020.3.27.이라는 숫자가 새겨져 있었다.

서해5도에서 북한쓰레기를 줍다

'찔광이단물'과 '왕다래단물'

찔광이는 아가위나무, 산사목, 적과자, 산조홍 등으로 불리는 열매다. 여러 가지 종류의 과일단물뿐만 아니라 '찔광이 단물' 제품도 있다. '경상'이라는 브랜드를 사용하는 〈대은수출품가공사업소〉에서 '배단물' 제품과 같이 생산한다. '왕다래 단물'은 〈락연식료가공공장〉, 〈오일건강음료종합공장〉에서 생산하는데 포장용기가 다른 제품과 비교할 때 재질이 좋지 않고 디자인 역시 캐릭터가 없는 단순한 형태임을 알 수 있다.

탄산단물

13

탄산단물은 단물과는 달리 첨가물에 탄산가스와 과일향이 첨가된다. 48종류의 탄산단물 제품이 있으며, '룡궁'이라는 브랜드를 사용하는 〈룡성식료품가공공장〉에서 과일향, 복숭아향, 과일 등 3종의 제품을 생산하고 있다.

그 외에 〈옥류민예사〉, 〈룡마무역회사.〉 〈룡성식료품가공공장〉, 〈선흥식료공장〉, 〈대동강과일종합가공공장〉, 〈동양무역회사〉, 〈동양서포식료공장〉, 〈문수식료공장〉, 〈송천식료공장〉, 〈혁명사적지건설지도국정양소〉, 〈광복신건식료공장〉, 〈대보경제협력교류사〉, 〈락랑식료공장〉, 〈강동식료공장〉, 〈대성산식료가 공사업소〉, 〈안골식료가공사업소〉, 〈락원건흥교류소〉, 〈관문식료사업소〉, 〈사동수출품생산사업소〉, 〈발양산식료가공사업소〉, 〈경련애국사이다공장〉, 〈대성천종합식료공장〉, 〈단풍무역회사〉, 〈단풍무역회사남포단풍상점〉, 〈서산식료생산사업소〉, 〈와산보흥식료가공사업소〉, 〈평양대흥식품교류소〉, 〈흥발무역 회사〉, 〈조선명승무역회사〉, 〈수림식료공장〉, 〈송일식료공장〉, 〈력포식료공장〉, 〈서장음료공장〉, 〈금탑원천생산사업소〉, 〈7·27체육음료개발건강식품공급소〉, 〈구룡강무역회사〉 등에서 탄산단물 제품을 출시하고 있다.

탄산단물 제품은 종류도 다양하지만 생산공장이 많은데, 이는 제품과 직접적인 연관성이 있는 식료공장이나 식료품가공공장 그리고 무역회사가 아닌 기관, 기업소에서도 생산에 참여하기 때문으로 보인다. 대표적으로 〈혁명사적지건설지도국 정양소〉, 〈대성종합식당〉, 〈단풍무역회사 남포단풍상점〉, 〈7·27체육음료개발건강식품공급소〉 등을 들 수 있다.

한편, 탄산단물 용기는 대부분 1리터 이상의 페트병 제품이 많다. 페트병과 라벨이 분리되어 파도에 떠밀려 왔는데 페트병 보다 라벨만 주운 경우가 더 많다. 48종류의 탄산단물 중에서 페트병은 6개에 불과하며 나머지는 모두 페트병과 라벨이 분리되어 라벨만 주웠다.

No.	품명	브랜드	공장명	공장주소	공장전화번호
1	배향탄산단물	옥류	옥류민예사	.	.
2	배향탄산단물	룡마	룡마무역회사	평양시 룡성구역 룡성2동	.
3	과일향탄산단물	룡궁	룡성식료품가공공장	.	
4	복숭아향탄산단물				
5	과일탄산단물				
6	사과탄산단물	경흥	선흥식료공장	평양시 만경대구역 칠골2동	721-0328
7	복숭아향탄산단물	선흥	선흥식료공장	평양시 만경대구역 칠골2동	02-765-1628
8	귤탄산단물				02-765-4269
9	과일탄산단물				02-765-3445
10	배탄산단물	대동강	대동강과일종합가공공장	.	.
11	귤향탄산단물	동양	동양무역회사	평양시 락랑구역 관문3동	02-973-5423
12	코코아향탄산단물	.	.	.	.
13	귤향탄산단물	동양	동양서포식료공장		
14	코코아향탄산단물	청류	문수식료공장	평양시 락랑구역 관문3동	02-973-5423
15	귤향탄산단물	송천	송천식료공장	평양시 선교구역 선교3동	.
16	복숭아향탄산단물	삼태성	혁명사적지건설지도국	평양시 락랑구역 정오동	02-961-2545
17	과일향사이다	삼태성	정양소	평양시 락랑구역 정오동	02-961-2545
18	귤향탄산단물	흥건	광복신건식료공장	.	.
19	복숭아향탄산단물				
20	배향탄산단물				
21	복숭아향탄산단물	림흥천	대성종합식당	.	.
22	사과향탄산단물	대은	대보경제협력교류사	평양시 만경대구역 건국동	02-735-1517
23	사과향사이다	락랑	락랑식료공장	평양시 락랑구역 정백2동	
24	딸기향탄산단물	주봉산	강동식료공장		
25	귤향사이다	무릉도원	대성산식료가공사업소	평양시 중구역 경상동	.

No.	품명	브랜드	공장명	공장주소	공장전화번호
26	배향탄산단물	꽃숲	안골식료가공사업소	·	·
27	귤향탄산단물	락원	락원건흥교류소	·	·
28	복숭아향탄산단물		관문식료사업소	락랑구역 정오 2동	02-961-1653
29	배향사이다	꽃구름	사동수출품생산사업소	평양시 락랑구역 관문1동	02-973-3256, 02-973-3283
30	사과향탄산단물	봄우뢰	발양산식료가공사업소	·	·
31	복숭아향탄산단물	발양산	경련애국사이다공장	·	·
32	배향사이다	랭천	대성천종합식료공장	·	02-636-0611
33	배향탄산단물	대성천	단풍무역회사	·	·
34	포도향탄산단물				
35	포도향탄산단물	·	단풍무역회사 남포단풍상점	·	·
36	귤향탄산단물	지당산	서산식료생산사업소	·	·
37	복숭아향탄산단물				
38	귤향탄산단물	꽃이슬	와산보흥식료가공사업소	평양시 서성구역 와산동	02-537-1164
39	사과향탄산단물	대흥	평양대흥식품교류소	평양시 선교구역 대흥동	
40	복숭아향탄산단물	푸른봉	흥발무역회사	·	·
41	복숭아향단물	슬기	조선명승무역회사	·	761-7766
42	복숭아향탄산단물	수림	수림식료공장	·	·
43	사과향탄산단물	송일	송일식료공장	·	02-692-3322
44	귤향탄산단물	대현	력포식료공장	·	02-995-3437
45	복숭아향탄산단물	봄날	서장음료공장	·	·
46	귤향사이다	금탑	금탑원천생산사업소	항해북도 사리원시 대성동	·
47	파이내플탄산단물	만당	7.27체육음료개발 건강식품공급소	·	·
48	귤탄산단물	구룡산	구룡강무역회사	·	85-1928

과일의 향연

〈탄산단물〉은 〈단물〉 제품과 달리 과일즙이 아닌 탄산가스와 과일향이 주원료다. 어떤 과일향이 첨가되느냐에 따라 제품 종류가 다양하다. '복숭아향', '귤향', '배향', '사과향', '딸기향', '파이내플향', '포도향', '종합과일향' 등 확인된 제품만 8종류다.

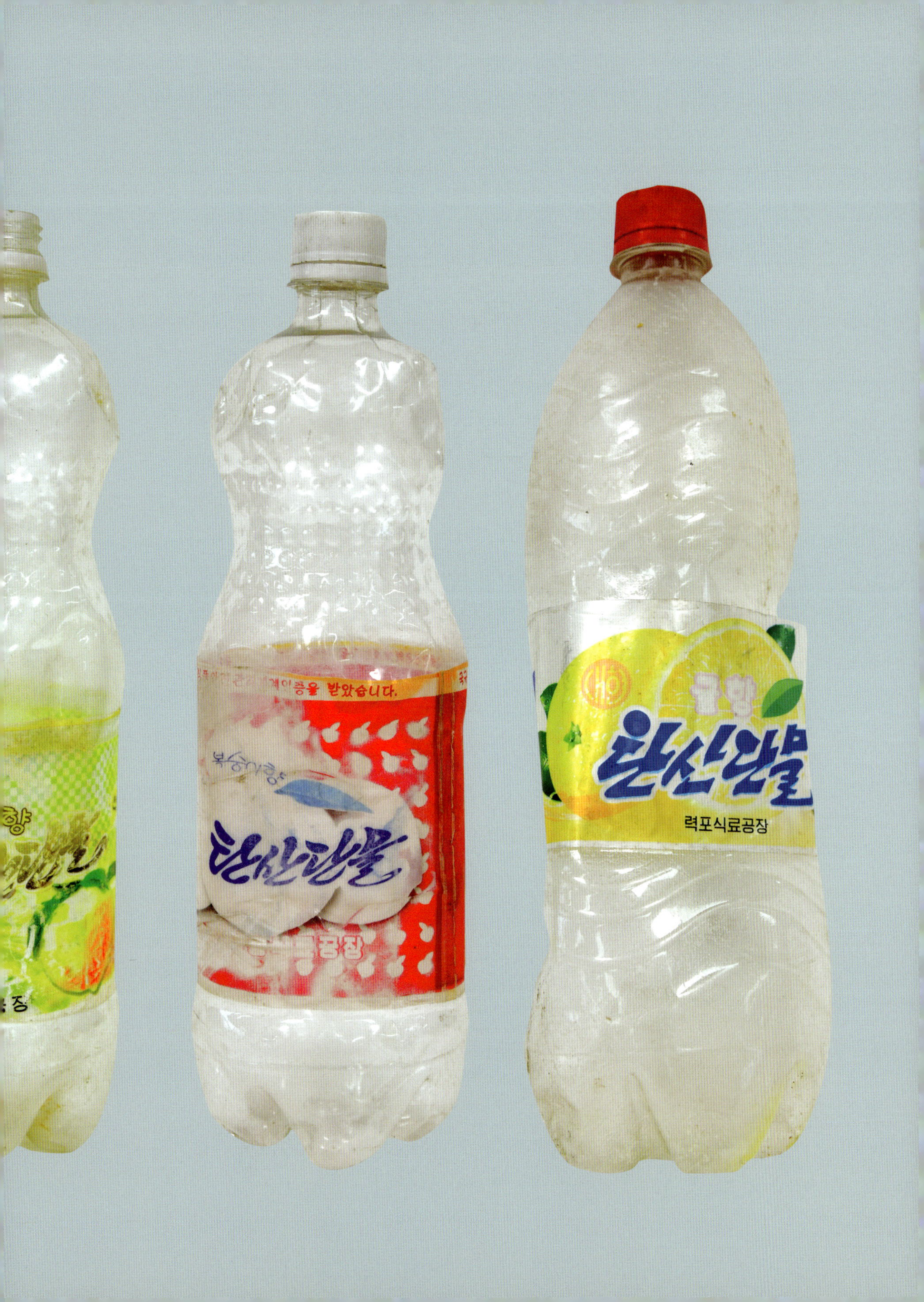

계인증을 받았습니다.
복숭아향
탄산단물
공장
금컹
탄산단물
력포식료공장

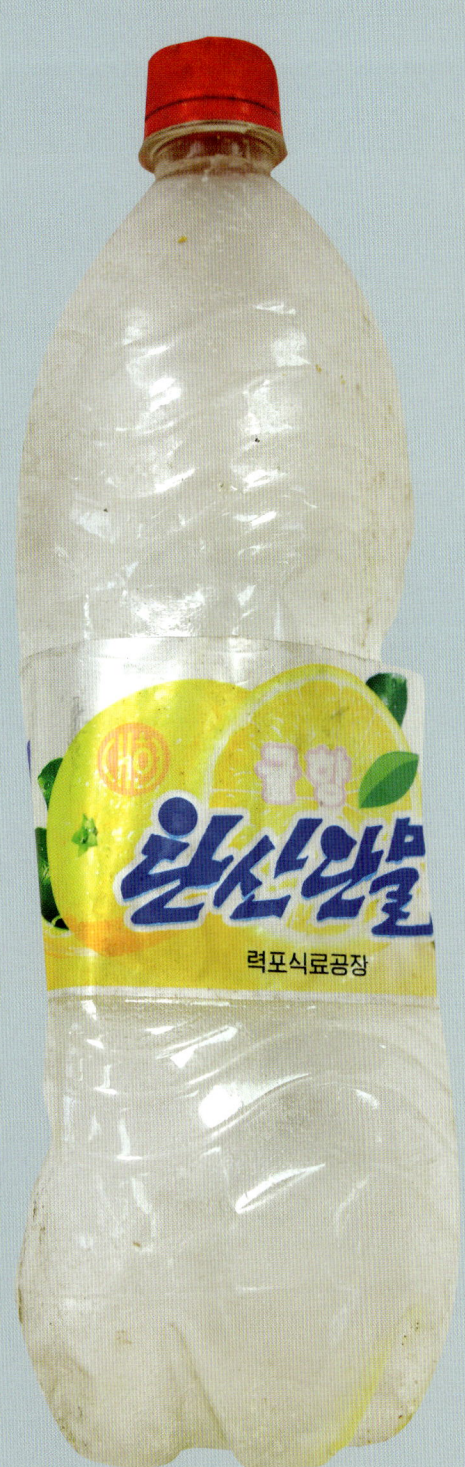

과일향 탄산단물

사과향 싸이다

귤향 탄산단물

귤향 탄산단물은 〈와산보흥식료가공사업소〉, 〈서산식료생산사업소〉, 〈력포식료공장〉, 〈금탑원천생산사업소〉, 〈대성천종합식료공장〉, 〈광복신건식료공장〉, 〈송천식료공장〉, 〈구룡강무역회사〉, 〈동양서포식료공장〉, 〈오일건강음료종합공장〉 등에서 생산하는 11종의 제품이 있다. 특정 과일향을 첨가한 제품의 포장지에는 해당 과일 사진으로 디자인된 것을 알 수 있다. 그리고 제품별로 해당 과일향을 제외하고 '사탕가루, 레몬산, 탄산가스'가 주원료로 공통적으로 들어 있다.

음료류

서해5도에서 북한쓰레기를 줍다

배향 단물

배향
탄산단물

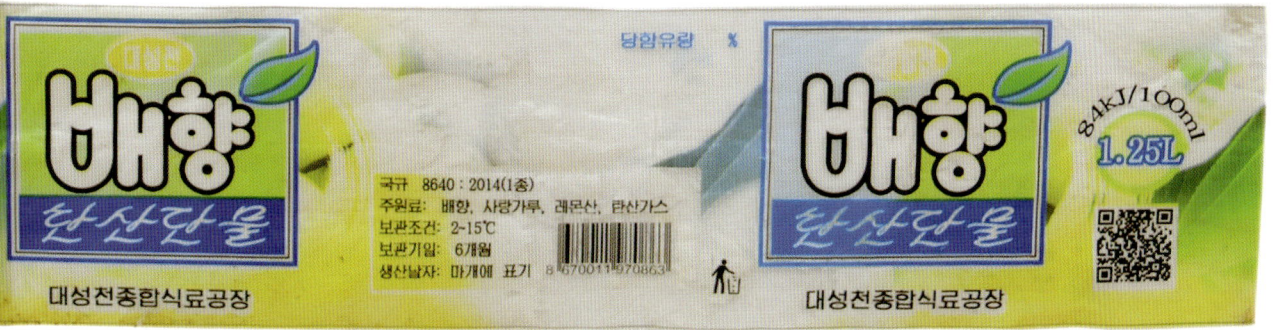

복숭아향 단물

사과향 단물

7·27체육음료개발건강식품공급소: 약수로 만든 탄산단물?

'만방'이라는 브랜드로 〈7·27체육음료개발건강식품공급소〉에서 생산한 '파이내플탄산단물'은 기존 탄산단물 제품과는 주원료에서 차이가 있다. '사탕가루, 레몬산'은 다른 제품에도 들어가는 원료이지만 탑제약수와 파이내플가루는 이 제품만의 고유한 첨가물이다. 특히, 탑제약수가 눈에 띄는데 이 제품 생산이 〈7·27체육음료건강식품공급소〉라는 점과 연관이 있는 것으로 보인다.

지난 2015년 9월 3일 〈조선중앙통신〉보도에 따르며, 평양 대동강구역 탑제3동에서 나오는 탑제약수를 활용한 가공식품 생산을 소개했다. 기사에 따르면 "탑제약수는 PH7로 칼슘, 망간, 나트륨 등이 함유되어있으며, 만성위염, 만성간염, 신우염, 방광염, 동맥경화, 심장기능성장애, 뇌혈전, 비만증 등에 특효가 있다"라고 한다. 기사에서는 특히 오영애 평양시 대동강구역 탑제1유치원 원장의 인터뷰를 실었는데 "어린이들의 키가 기준보다 더 자라고 건강상태가 매우 좋아졌는데 이것은 다 약수의 덕인 것 같다"라고 했다.

🟢 해당 포장지를 해안가 풀숲에서 주웠다

코코아향 탄산단물

'8월풀당'의 비밀: 사탕가루 대용품(?)

　탄산단물 제품 중에는 주원료에 '사탕가루' 대신 '8월풀당'이 들어간 제품이 많다. '8월풀당'은 '팔월풀'의 당 성분을 우려내어 정제한 것으로, 북한에서 설탕 대용품으로 주로 사용하고 있다. 특히, 설탕이 주요 수입품임을 고려할 때 북한 당국은 '자력갱생'을 강조하면서 8월풀당 제품 생산을 독려하고 있다. 조선중앙TV 보도에서 선전하는 팔월풀의 효능을 보면 "마른 잎 1톤이면 단맛감을 50kg 얻을 수 있는데 이것은 사탕(설탕) 15톤과 같다"한다. 북한 주민들은 주로 '파라풀'이라고 부른다. 〈평양8월풀가공공장〉에서는 '8월풀당가루' 제품을 생산하고 있다.

▲ 조선중앙TV에서 소개한 8월풀 관련 선전영상

음료류

탄산단물을 생산하는 기관/기업소별 브랜드

북한에서 생산한 단일 품목 중에서 탄산단물은 그 종류가 무척 다양하다. 한 공장에서 다양한 제품을 생산하기 보다 여러 기관과 기업소가 제품 생산에 참여하기 때문에 그만큼 브랜드도 많다. '랭천', '대성천', '지당산', '꽃이슬', '대흥', '푸른봉', '슬기' 등 40여 개 이상의 브랜드로 각각 브랜드디자인도 특색이 있다.

음료류

기능성음료

서해5도에서 주운 기능성 음료 포장용기는 모두 7종이다. 기능성 음료는 단물이나 탄산단물과는 구별되는 품목으로 주로 에네르기활성음료, 샘물, 수소수 등을 의미한다. 샘물은 크게 '동양샘물'과 '대성산샘물' 2종인데 '대성산샘물'의 경우 품명은 같지만 각각 다른 브랜드와 공장에서 생산하는 3종류의 제품이 있다. 〈오일종합가공공장〉에서는 '에네르기활성음료'와 '수소수'등의 기능성 음료를 전문적으로 생산하고 있다.

No.	품명	브랜드	공장명	공장주소	공장전화번호
1	에네르기활성음료	5월1일 경기장	오일종합가공공장	·	·
2	에네르기 활성음료	우호	강동무역회사	·	·
3	동양샘물	금수강산	고려동양샘물공장	·	02-961-1653 02-973-3256
4	대성산샘물	대영	대성산유희시설관리소	평양시 대성구역 대성동	02-973-3283
5	대성산 샘물	소문봄	중앙식물원	평양시 대성구역 대성동	
6	대성산샘물	·	련경무역회사		
7	수소수	5월1일 경기장	오일종합가공공장	·	02-636-0611

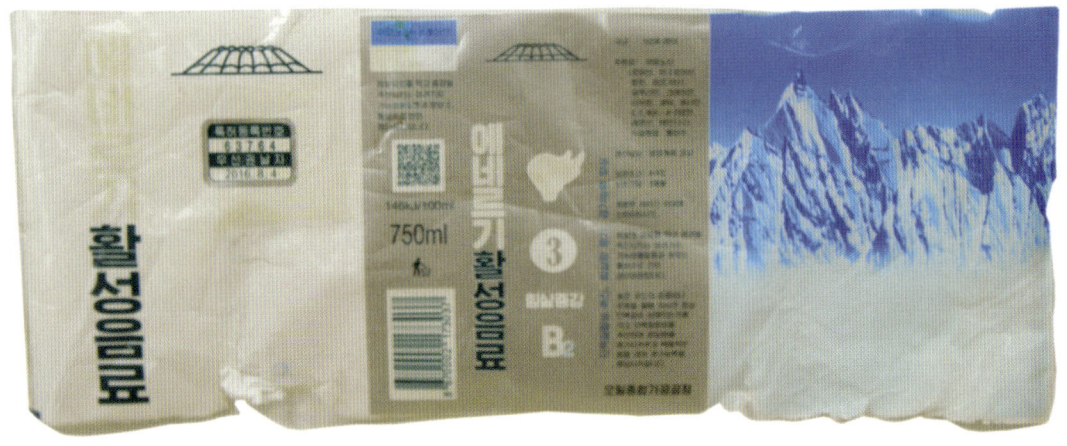

동양샘물: 수천년을 마를 줄 모르고 솟아나오는 샘물

북한 대외선전용 매체인 〈메아리〉는 2019년 8월 18일자 보도를 통해 동양샘물이 출시되어 호평을 받는다는 소식을 전했다. 기사에 따르면 "이 샘물은 물맛이 대단히 좋으며, 만성위염을 비롯한 소화기질병과 심근경색, 뇌졸중, 동맥경화증, 고혈압예방치료에 매우 좋은 산천수"라고 선전한다.

이번 조사에서 주운 동양샘물 포장지를 보면 〈고려동양샘물공장〉에서 '금수강산'이라는 브랜드로 생산하는 제품으로 안내 문구가 눈에 띈다.

> "우리 나라 양덕의 해발 1000여m 쌍룡산 기암 절벽에서 수 천년을 마를 줄 모르고 솟아 나오는 유명한 천연장수샘물"
> "건강에 필수적인 수십가지 미량원소가 들어있는 장수에 가장 적합한 약알카리성샘물"

안내문의 '양덕'은 김정은이 현지지도 이후 '양덕온천지구' 개발로 선전하는 곳이다. 2020년 6월 27일자 〈로동신문〉은 "우리 당의 인민 사랑이 응축된 양덕온천문화휴양지에 녹음이 우거졌다"라며 김정은 시대의 성과로 선전한다. 〈동양샘물〉 제품은 바로 이 지역의 물로 만들었다는 점을 강조하는 것 같다.

대성산샘물: 같은 품목, 다른 공장

'대성산샘물'은 같은 품명으로 3종류인데 브랜드와 공장이 모두 다르다. '대영'이라는 브랜드의 〈대성산유희시설관리소〉와 '소문봄'이라는 브랜드의 〈중앙식물원〉 그리고 브랜드 표시 없이 〈련경무역회사〉에서 만든 제품이다. 제품 용기와 디자인 역시 3종류가 다르다. 대성산샘물을 제조한 공장명이 〈대성산유희시설관리소〉와 〈중앙식물원〉이라는 점이 특이하다. 〈대성산유희장〉은 평양 대성산에 자리한 곳으로, 지난 2019년 6월 1일 국제아동절 69주년 기념 친선연환모임이 개최된 장소다. 중앙식물원 역시 평양 대성구역 대성산 기슭에 위치한 곳으로 북한 최대의 식물원이다. 2021년 2월 17일자 로동신문은 "민족 최대의 경사스러운 광명성절을 맞으며 중앙식물원의 식물들이 아름다운 꽃과 잎새를 활짝 펼치고 있다"라고 전했다. 대성산샘물이 각각 다른 브랜드와 공장명이 새겨져 있지만 해당 기업소가 모두 대성산에 있다는 점에서 '대성산 샘물'이라는 품명을 사용하는 것으로 보인다.

에네르기활성음료: 활성수로 만든 첨단 음료

'에네르기활성음료'는 〈강동무역회사〉와 〈오일종합가공공장〉에서 생산한 2종류의 제품이 있다. '에네르기활성음료' 용기에는 '경기력 향상'이라는 문구가 있는데, "힘살의 피로를 막고 증강을 촉진 시키는 여러 가지 기능성 물질들과 영양소, 활성수로 만든 첨단음료"라는 점을 강조한다. 특히, "높은 강도의 운동이나 로동을 할 때 마시면 힘살 단백질이 분해되는 것을 막는다"라고 쓰여 있다.

포장용기에는 '특허등록번호 63764, 우선권 날자 2016.8.4.'로 표기되어 있으며, 주원료는 아미노산(로이산, 이소로이신, 발린, 아르기닌), 글루타민, 크레아틴, 타우린, 과당, 비타민 C, E, B군, β-카로틴, 레몬산, 6린산소다, 식용향료, 활성수 등이다.

> 높은 강도의 운동이나 로동을 할 때 마시면 힘살 단백질이 분해되는것을 막고 단백질합성을 촉진하며 힘살량을 증가시켜주고 폭발적인 힘을 내어 경기능력을 향상시켜줍니다. 단백질 합성 촉진, 힘살량 증가, 경기능력 향상

수소수: 21세기 기적의 건강수

〈오일종합가공공장〉에서 만든 '수소수' 포장용기에는 "21세기 기적의 건강수로 가장 효과적이고 리상적인 항산화제"라고 쓰여 있다. '에네르기활성음료'와 마찬가지로 포장용기에는 '특허 등록번호 65190'과 '우선권날자 2017.2.15.'라는 문구가 표시되어 있다.

음료류

🟢 북한 드라마 <호각소리>에 나오는 매대에, 과자와 단물이 진열되어 있다

EXHIBITION
04

유제품류

EXHIBITION
04
유제품류

    북한에서는 유제품을 '젖제품'이라 한다. 젖이라 부르는 우유와, 신젖이라 부르는 요구르트 그리고 에스키모(아이스크림 종류)가 대표적인 젖제품이다. 복숭아, 참외, 딸기, 사과, 파이내플(파인애플), 향참외(멜론), 대추, 들쭉, 포도, 귤 등 다양한 종류의 과일즙이 첨가된 제품이 있다고 선전한다. 북한에 정말 이렇게나 많은 종류의 젖제품이 있다니 그저 놀랍다.

    지난 2021년 6월 15일, 김정은은 노동당 제8기 3차 전원회의에서 "수천 수만금을 들여서라도 보다 개선된 양육조건을 지어주는 것은 당과 국가의 최중대 정책이고 최고의 숙원"이라며 "국가적 부담으로 전국의 어린이들에게 젖제품(유제품)을 비롯한 영양식품을 공급하는 것을 당의 정책으로 수립하라"고 지시했다.

    이어서 로동신문은 '숭고한 미래관을 안고 당의 육아 정책을 실천으로 받들어 나가자'는 제목의 기사에서 김정은의 뜻을 받들어 정치사상사업을 공세적으로 벌이며 질 좋은 젖제품(유제품) 생산을 늘리자는 내용의 기사를 실었다. 실제로 전국의 각지 도·시·군 및 공장·기업소·농장의 당 조직들이 유제품 생산에 나서 탁아소·유치원 등에 이를 공급하고 있다고 소개했다(로동신문 2021년 7월 11일).

북한에서 유제품을 생산하는 대표적인 공장으로는 〈오일건강음료종합공장〉을 들 수 있다. 로동신문 기사에 따르면, '10여년 전과 비교할 때 약 400여 가지의 제품을 생산하는 공장으로 변모됐다며, 에스키모(아이스크림류)와 요구르트, 우유, 과일단묵, 영양즙, 에네르기활성음료 등 공장에서 생산되는 제품의 종수도 다양하지만 군밤야자에스키모, 호두에스키모, 검은찹쌀에스키모, 누룽지맛에스키모를 비롯하여 매 품종에 따르는 가지 수를 다 꼽자고 해도 두 손가락이 어방없이(어림없이) 모자랄 정도"라고 한다.

김정은의 특별지시와 북한당국의 선전만 보면 북한에서 실로 많은 종류의 젖제품이 생산되는 것 같다. 하지만 실제로 그 제품을 북한의 어린이나 주민들이 소비할 수 있는지는 확인할 수 없다.

우유와 요구르트

서해5도 지역에서 수거한 북한쓰레기 포장지 중 같은 품목을 기준으로 볼 때 가장 많은 양은 우유와 요구르트 제품 포장지다. 포장지는 66종이지만 중복되는 제품까지 포함하면 모두 271점에 이를 정도다. 우유와 요구르트는 같은 공장에서 생산하는 경우가 많은데 주로 〈유아제약공장〉, 〈락연식료가공공장〉, 〈오일종합가공공장〉이 대표적이다. 제품 종류 역시 다양한데 '흰 우유'뿐만 아니라 귤, 포도, 파이내플(파인애플), 딸기, 복숭아, 참외, 향참외, 사과 등 과일 첨가에 따라 다양한 제품을 선보이고 있다.

이외에도 우유와 요구르트 생산공장은 〈유아건강식품기술교류소〉, 〈오일건강음료종합공장〉, 〈대은수출품가공사업소〉, 〈룡진합작회사〉, 〈강동무역회사〉 등이며, 〈삼건무역회사〉, 〈경상수출품가공소〉, 〈감찬정수출품가공공장〉, 〈장훈식료가공사업소〉 등에서 생산한다. 신젖 제품만 생산하는 공장은 〈장훈식료가공사업소〉와 〈삼건무역회사〉 등이다.

🟢 다양한 종류의 우유와 요구르트 제품

No.	품명	브랜드	공장명	공장주소	공장전화번호
1	딸기우유	5월 1일경기장	오일종합가공공장	.	02-370-8312
2	참외우유				02-370-8313
3	포도우유				
4	복숭아우유				
5	파이내플우유				
6	사과우유				
7	귤우유				
8	신젖				
9	사과요구르트				
10	포도요구르트				
11	딸기요구르트				
12	키크기요구르트				
13	대추요구르트				
14	비타민우유				
15	살구향신젖				
16	딸기우유	5월 1일경기장	오일건강음료종합공장	평양시 중구역 경상동	02-370-8312
17	참외우유				02-370-8313
18	포도우유				
19	복숭아우유				
20	파이내플우유				
21	사과우유				
22	귤우유				
23	칼시움요구르트				
24	칼시움요구르트				
25	칼시움우유				
26	딸기요구르트				
27	새콤달콤딸기우유	5월 1일경기장	.	.	.

No.	품명	브랜드	공장명	공장주소	공장전화번호
28	신젖	삼건	삼건무역회사	.	.
29	딸기 우유	룡진	룡진합작회사	.	.
30	대추요구르트		대은수출품가공사업소		02-435-1348
31	딸기우유	유아	유아제약공장	.	02-933-0111
32	복숭아우유				
33	사과우유				
34	포도우유				
35	복숭아요구르트				
36	사과요구르트				
37	신젖				
38	신젖		유아건강식품기술교류소	평양시 락랑구역 승리1동	.
39	굴우유	락연	락연식료가공공장	평양시 락랑구역 두단동	.
40	우유				
41	딸기우유				
42	향참외우유				
43	칼시움요구르트		.	.	.
44	딸기요구르트				
45	들쭉우유				
46	어린이영양우유				
47	사과우유				
48	향참외우유	락연	락연무역회사	.	.
49	굴우유		락랑락연수출품		
50	파이내플우유		가공사업소		
51	파이내플우유				
52	칼시움딸기우유	경상	대은수출품가공사업소	.	02-435-1348
53	칼시움요구르트	경상	경상수출품가공소	.	.
54	딸기향요구르트				

No.	품명	브랜드	공장명	공장주소	공장전화번호
55	과일향칼시움신젖	·	·	·	·
56	비타민우유				
57	딸기향요구르트	감찬정	감찬정수출품가공공장	·	02-667-4443
58	딸기신젖	룡호	장훈식료가공사업소	평양시 경대구역 장훈3동	02-753-0850 02-753-2454
59	대추우유	우호	강동무역회사	·	02-975-8604
60	딸기우유				02-975-8605
62	과일요구르트				
63	복숭아요구르트				

국가적 부담으로 전국의 어린이들에게
젖제품(유제품)을 비롯한 영양식품을
공급하는 것을 당의 정책으로 수립하라

비닐팩 제품

비닐팩 제품은 귤, 포도, 파이내플, 딸기, 복숭아, 참외, 향참외(멜론), 사과, 흰우유까지 모두 10종류의 제품이 있다.

▸ 개별 공장마다 다른 비닐팩 우유제품이지만 용량은 같아 규격화된 제품임을 알 수 있으며, 디자인 역시 비슷하다

딸기가 제일 좋아?

 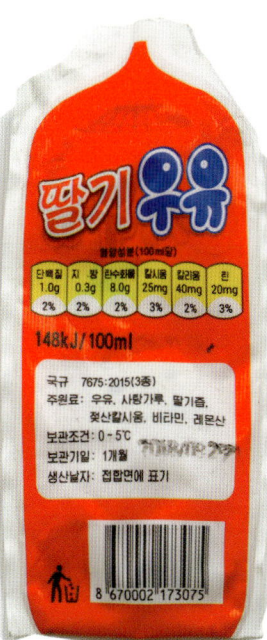 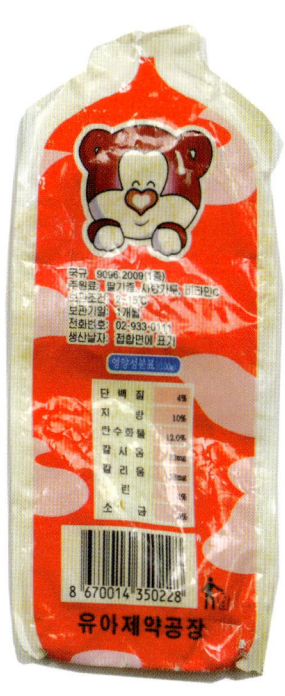

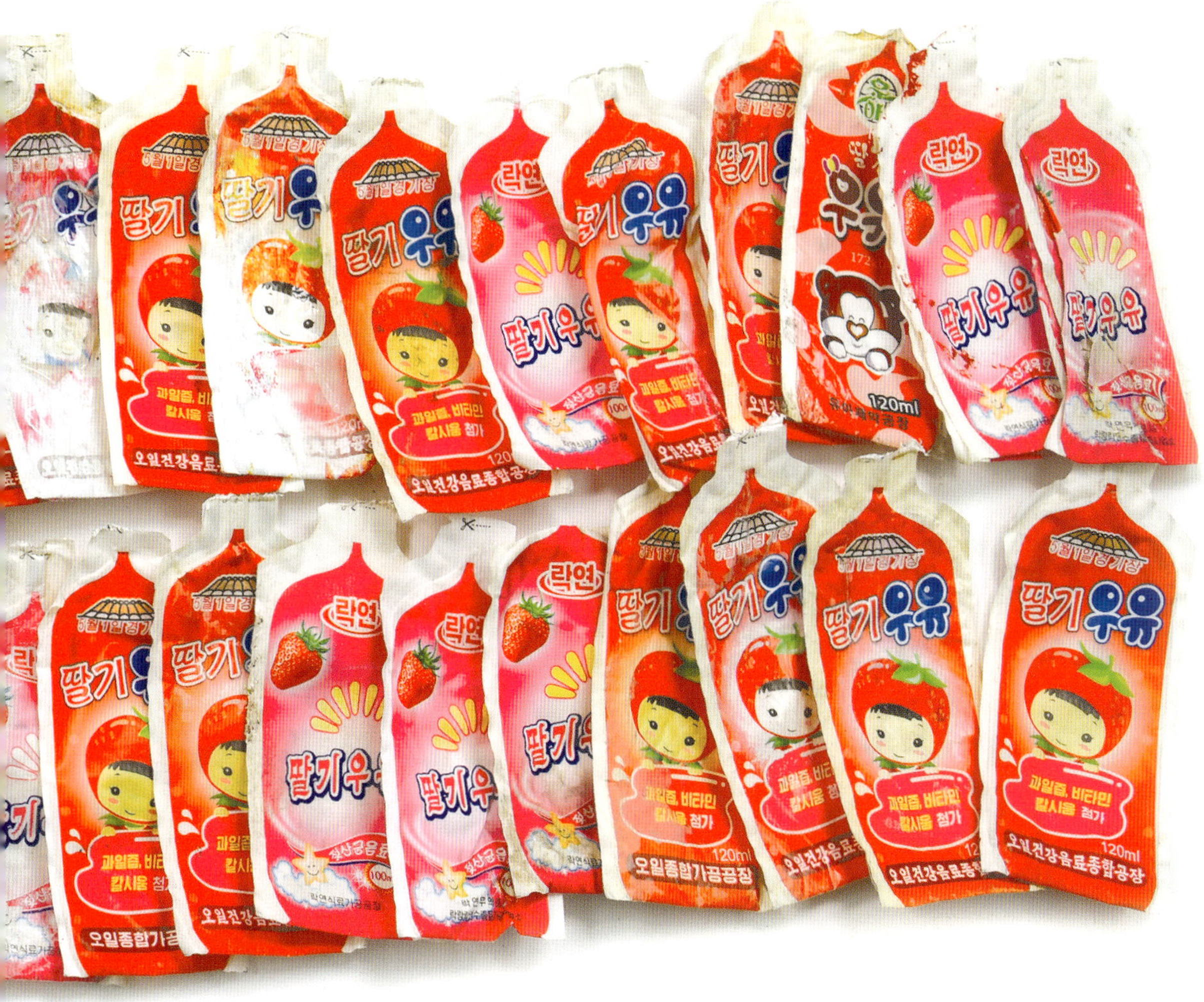

신젖

요구르트

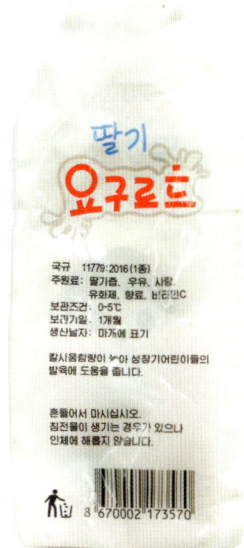

신제품?

〈오일종합가공공장〉에서 생산한 '포도 요구르트'는 포장지로 볼 때 신제품으로 추정된다. 주원료는 소젖, 사탕가루, 올리고당, 비타민E, 포도즙, 식용향료, 레몬산, 젖산, 젖산균 등이다.

페트병(PET) 제품

우유

유제품류

211

서해5도에서 북한 쓰레기를 줍다

락연

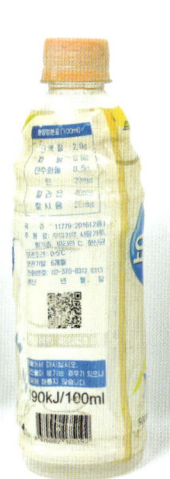

우유의 놀라운 효능

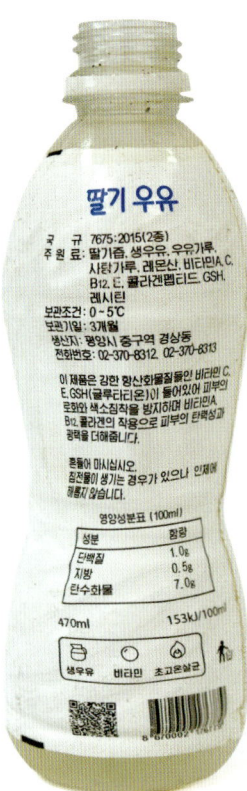

플라스틱 포장용기

칼시움 우유와 요구르트

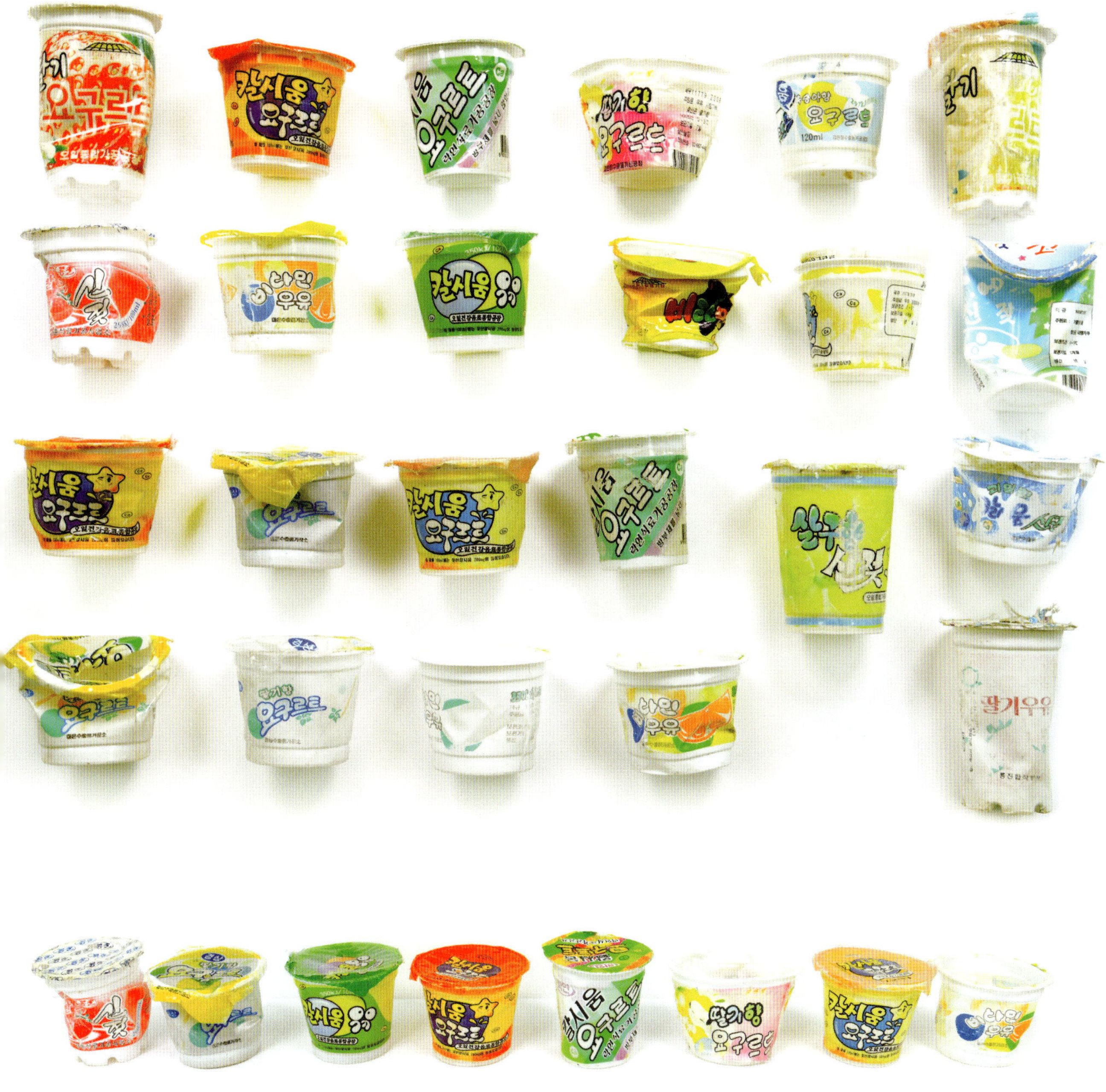

유제품류

우유

신젖

16 아이스크림

북한에서 아이스크림 종류는 크게 두 종류다. 콘 형태의 부드러운 아이스크림은 '아이스크림'으로, 나무꼬치(북한식 표현)를 꽂은 딱딱한 아이스크림은 '에스키모'라고 부른다. 이번 조사에서 주운 에스키모 포장지는 모두 50종류이며 중복제품을 포함하면 111점이다. 첨가물에 따른 에스키모 종류만 24종류에 이를 만큼 다양한 제품을 생산하고 있다.

에스키모와 아이스크림을 굳이 구분하면 '웅성'이라는 브랜드를 사용하는 '과학자려관'에서 생산한 '콩아이스크림' 제품이 유일하다.

주로 〈오일건강음료종합공장〉, 〈오일무역회사〉, 〈오일종합가공공장〉에서 생산한 제품이 많으며 이외에도 〈사리원철도상업관리소〉, 〈평신합작회사〉, 〈사리원방직공장〉, 〈락연무역회사〉, 〈락랑락연수출품가공사업소〉, 〈평천랭동공장〉, 〈해주려관〉, 〈과학자려관〉, 〈성수산식료공장〉, 〈선화식료공장〉, 〈북창대흥탄광〉 등의 생산공장이 확인되었다. 포장지에 표기된 주소만을 볼때 평양을 제외한 지방 공장은 〈사리원철도상업관리소(사리원시 구천2동)〉, 〈해주려관(황해남도 해주시 영광동)〉이며 이외에도 〈사리원방직공장〉과 〈북창대흥탄광〉은 공장명을 볼 때 지방으로 추정되나 포장지에 별도로 공장주소가 표기되지는 않았다.

에스키모 제품은 거의 모든 제품의 보관조건이 '-18°C이하에서 1개월'로 표기되어 있어 규격화한 것으로 보인다. 주원료는 제품의 특성에 따라 첨가물이 다른데 사탕가루와 우유는 기본으로 포함되며 특히 농마가루가 들어간 제품이 많았다. '클로렐라 성분', '비타민 C', '콜라겐', '올리고당' 등을 첨가한 제품도 있다.

No.	품명	브랜드	공장명	공장주소	공장전화번호
1	과일요구르트맛	5월 1일 경기장	오일건강음료종합공장	평양시 중구역 경상동	02-370-8313, 02-370-8312
2	대추홍차				.
3	비타민C 콜라겐				02-370-8312, 02-370-8313
4	꿀				.
5	와닐라향과자				
6	새콤달콤 종합과일				02-370-8312
7	군밤야자				02-370-8313
8	포도우유맛				.
9	복숭아신젖				02-370-8312, 02-370-8313
10	망고향	5월 1일 경기장	.	.	.
11	닭알	5월 1일 경기장	오일무역회사		351-0133
12	사과즙얼음과자				.
13	사과				
14	소젖				351-0045
15	찔광이향				
16	검은찹쌀	5월 1일 경기장	오일종합가공공장		351-0045
17	락화생				.
18	수박				
19	배향				.
20	닭알				02-370-8312, 02-370-8313
21	귤				.
22	종합과일향				.
23	레몬				.

No.	품명	브랜드	공장명	공장주소	공장전화번호
24	쵸콜레트	·	·	·	·
25	레몬향				
26	딸기향				
27	고구마				
28	대추				
29	찔광이				
30	에스키모	·	조선오일무역회사	·	·
31	에스키모	푸른대지	사리원철도 상업관리소	사리원시 구천2동	351-0133
32	콩				
33	사과향				
34	딸기즙얼음과자	평신	평신합작회사	평양시 동대원구역 새살림동	·
35	사과즙				
36	에스키모	경암산	사리원방직공장		
37	대추	락연	락연무역회사		
38	코코아맛		락랑락연수출품가공사업소		
39	에스키모	봄빛	평천랭동공장	·	·
40	귤향	락연	락연무역회사	·	936-0983
41	콩	새매산			
42	콩	설류봉	해주려관	황해남도 해주시 영광동	045-55-1707
43	콩 아이스크림	웅성	과학자려관	·	·
44	군밤야자	락연	락연식료가공공장	·	02-936-0983
45	망고우유				02-361-5185
46	복숭아향		성수산식료공장	·	·
47	콩우유	선유봉	북창대흥탄광		034-53-3495
48	해바라기씨	새벽경기장	선화식료공장	·	·

골라 먹는 에스키모: 북한판 베스킨라빈스 35

에스키모 종류를 크게 구분하면 향, 첨가물, 맛 등에 따라 구분할 수 있다. 사과, 귤, 복숭아, 배, 레몬, 딸기, 와닐라(바닐라)등 과일향을 첨가한 제품은 모두 8종이다. 향이 아닌 주원료에 특정 첨가물을 넣은 제품은 콩, 대추, 군밤야자, 검은찹쌀, 락화생, 닭알, 고구마, 대추홍차 등 24종이다. 과일요구르트와 포도우유 그리고 코코아맛 등 맛에 따른 3종류를 포함해 확인된 에스키모 종류만 무려 35종이다.

구분/개수	종 류	생산공장
향 (8종)	사과향	사리원철도상업관리소
	귤향	락연무역회사
	복숭아향	성수산식료공장
	배향	오일종합가공공장
	레몬향	
	딸기향	
	종합과일향	
	와닐라향	오일건강음료종합공장
첨가물 (24종)	콩 에스키모	사리원철도상업관리소, 해주려관, 과학자려관
	딸기즙	평신합작회사
	대추	락연무역회사
	군밤야자	락연식료가공공장
	망고우유	
	해바라기씨	선화식료공장
	검은찹쌀	오일종합가공공장
	락화생	
	수박	
	귤	
	레몬	
	쵸콜레트	

구분/개수	종 류	생산공장
	고구마	.
	대추	.
	대추홍차	오일건강음료종합공장
	비타민C 콜라겐	
	꿀	
	새콤달콤 종합과일	
	군밤야자	
	복숭아신젖	
	사과즙	오일무역회사
	사과	
	소젖	
	닭알	오일건강음료종합공장
맛 (3종)	과일 요구르트맛	.
	포도우유맛	락연무역회사, 락랑락연수출품가공사업소
	코코아맛	

특히 '5월1일경기장' 브랜드를 사용하는 〈오일건강음료종합공장〉, 〈오일종합가공공장〉, 〈오일무역회사〉에서는 '비타민C 콜라겐', '검은찹쌀', '해바라기씨', '꿀' 등의 첨가물 제품을 비롯해 '과일요구르트맛', '포도우유맛' 등 다양한 제품을 생산하고 있다.

'5월1일경기장' 브랜드를 사용하는 에스키모 제품

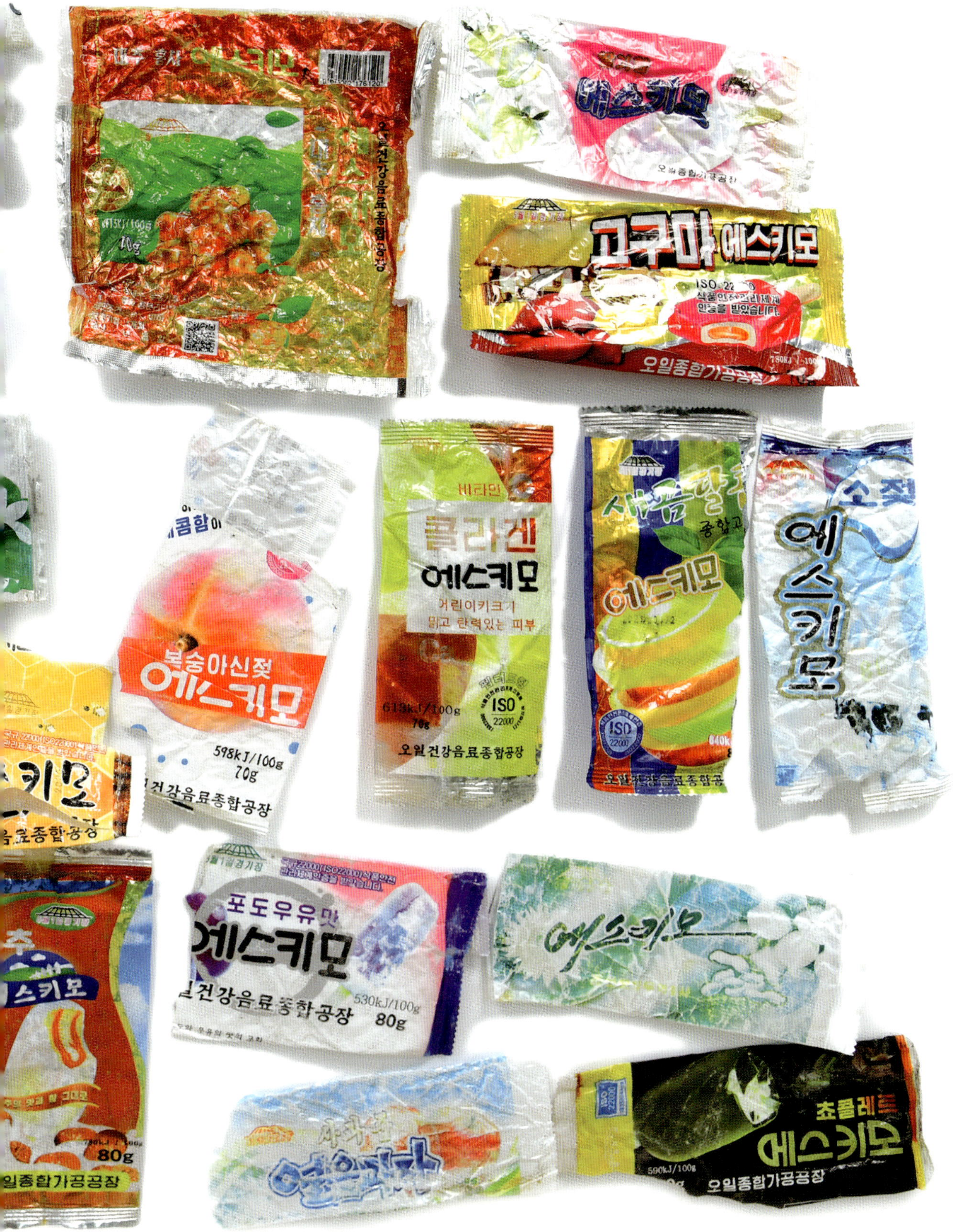
에스키모
오일종합가공공장
고구마 에스키모
오일종합가공공장
복숭아신젖
에스키모
598kJ/100g
70g
건강음료종합공장
비타민
콜라겐
에스키모
어린이키크기
맑고 탄력있는 피부
613kJ/100g
70g
오일건강음료종합공장
에스키모
소젖
에스키모
포도우유맛
에스키모
건강음료종합공장
530kJ/100g
80g
에스키모
스키모
80g
일종합가공공장
쵸콜레트
에스키모
590kJ/100g
오일종합가공공장

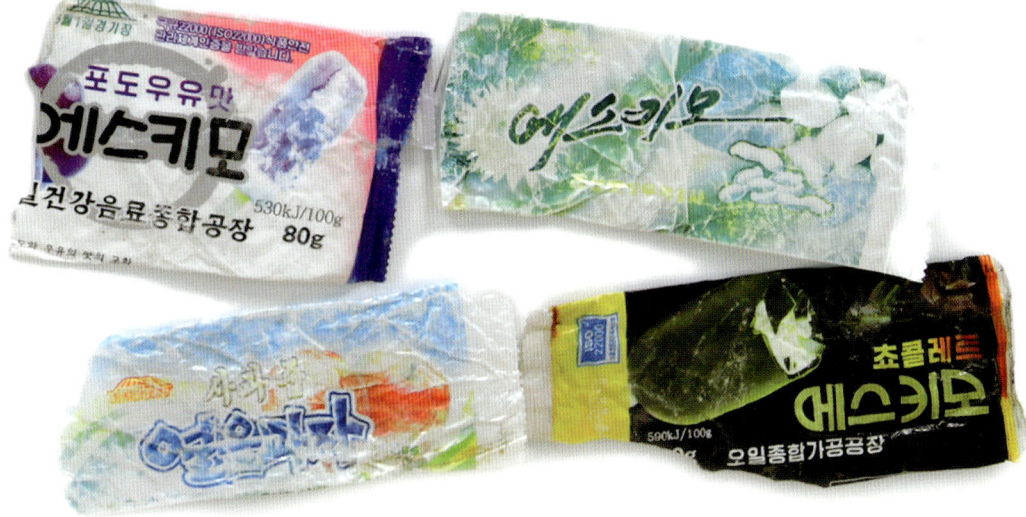

콜라겐에스키모: 어린이 키크기와 맑고 탄력있는 피부?

〈오일건강음료종합공장〉에서 생산한 '콜라겐에스키모' 포장지 앞면에는 '어린이키크기, 맑고 탄력있는 피부'라는 선전글귀가 상표와 함께 새겨져 있다. 아이들이 즐겨 먹는 아이스크림이 키크기는 물론 맑고 탄력있는 피부를 만드는 효능이 있다니 놀랍기만 하다. 문득 주원료가 무엇인지 궁금해졌다. '사탕가루, 우유가루, 식물성기름, 닭알'은 다른 에스키모 제품에도 들어가는 공통된 원료다. 이 제품만의 특색있는 주원료는 바로 '올리고당, 소젖가루, 콜라겐, 리진, 젖산칼시움, 비타민C, D, B군, 말토덱스트린, 요드, 젖산아연' 등이다. 이 정도 효능이라면 아이스크림을 사달라고 떼쓰는 아이들을 혼낼 필요까지는 없겠다. 그런데 정말 이런 효능이 있는지? 아마 한국 제품이었다면 과장 광고로 벌써 고발조치 되었을 듯하다.

북한 에스키모 제품의 건강 관련 효능 소개는 역시 같은 회사 제품인 '과일요구르트맛 에스키모'에서도 이어진다. "갈증해소, 성장발육촉진, 장내세균총개선" 등의 문구와 함께 "제품 1개당 젖산균 106개이상, 비타민C"가 함유되었다고 선전한다. '새콤달콤한 랭동요구르트맛'은 과연 어떤 맛일까?

> **<주원료>**
> 생우유, 천연과일즙, 식물성기름, 닭알, 빠다, 사탕가루, 복합젖산균(락토바찔루스, 불가리쿠스, 스트렙토코쿠스, 락토바찔루스카제이), 안정제

콩 에스키모: 탄광과 려관에서 아이스크림을 만든다?

에스키모 제품을 생산하는 공장 중에는 〈북청대흥탄광〉, 〈해주려관〉, 〈과학자려관〉, 〈사리원 철도상업관리소〉 등 가공식품 공장과 직접적인 관련이 없는 기관이나 기업소가 있다. 북한에서는 〈연합기업소〉를 운영하는데, 모체가 되는 공장을 중심으로 관련 업종이나 기관이 서로 계획과 생산을 맞물려 진행하는 체계다. 〈북청대흥탄광〉에서 에스키모를 생산하는 건 연합기업소에 속한 하부 공장이나 기업소에 보급하기 위한 것으로 보인다.

한편, 지난 2014년 4월 7일 〈조선신보〉 기사에 따르면 '제19차 태양절요리축전(4.2-4)'을 맞아 〈철도성 평양청년열차상업관리소〉에서 전시한 계절별 곽밥(도시락)들이 관심을 모았다고 한다. 상업관리소에서 도시락을 생산, 판매하는 것처럼 〈사리원철도상업관리소〉에서 에스키모 제품을 생산, 판매하는 것으로 보인다.

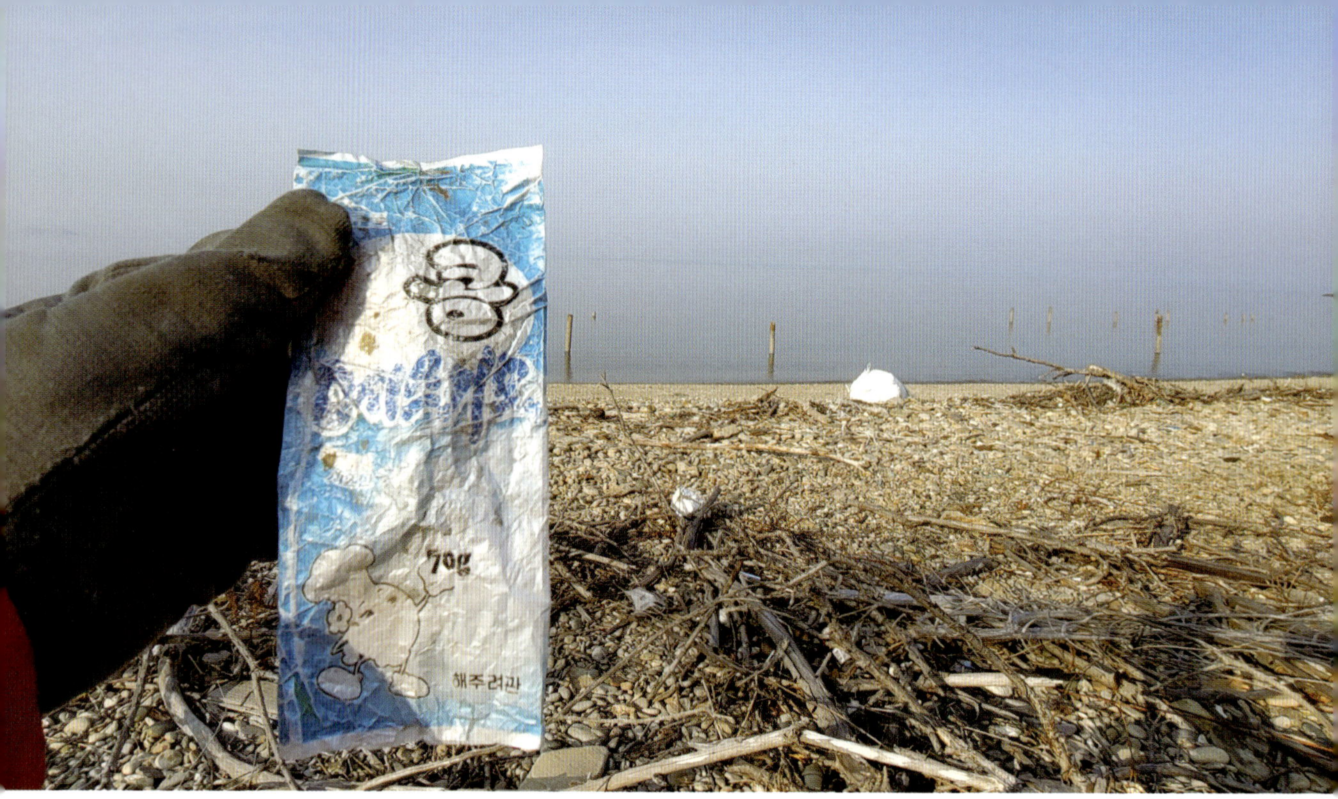

● '콩 에스키모' 제품에 <해주려관>이라고 쓰여 있다(이 포장지는 연평도 아이스크림바위 해안가에서 주웠다)

생산지와 파는곳이 다르다?

〈평신합작회사〉에서 생산한 '딸기즙 얼음과자'와 '사과즙 얼음과자' 포장지에는 다른 제품과 달리 "파는 곳 전화번호"가 표시되어 있다.

공장 주소는 분명 평양시 동대원구역 새살림동으로 되어 있는데, 파는 곳은 각각 〈축전상점〉, 〈동문상점〉, 〈해운식당〉, 〈칠성문상점〉 등이다. 사과즙 제품과 딸기즙 제품 포장지의 상점 표기 순서가 서로 다르다. 본 조사에서 살펴본 북한 에스키모 제품은 보관온도가 모두 '-18°C'로 표기되어 있는데, 유독 이 제품만 '-10°C'로 표기되어 있다. 한편, 지난 2007년 6월 19일 조선중앙TV는 〈평신합작회사〉에서 생산한 에스키모 제품을 소개한 적이 있다. 그때로부터 대략 15년이 지났으니 어쩌면 이 포장지는 15년 동안 연평도 해안가에 쌓여 있었을지도 모를 일이다.

사과즙 얼음과자	딸기즙 얼음과자
축전상점 721-3592	축전상점 721-3592
동문상점 621-4811	동문상점 621-4811
해운식당 452-1113	칠성문상점 853-0444
칠성문상점 853-0444	해운식당 452-1113

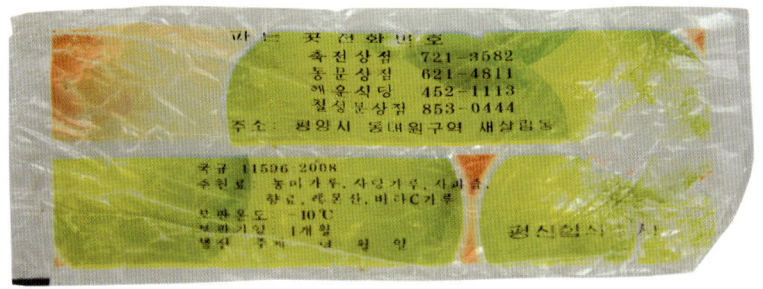

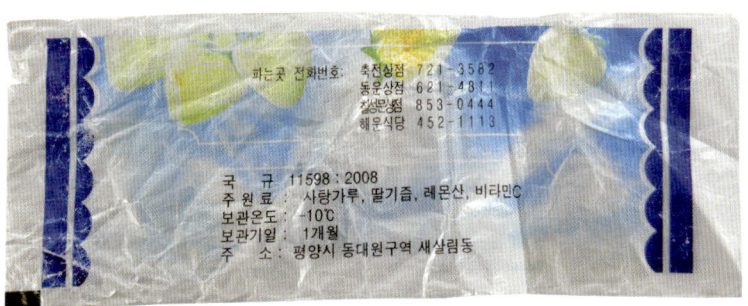

썰물이 되자 해안가 모래밭에 묻힌 에스키모 포장지가 드러났다.

'군밤야자'에스키모: 군밤과 야자즙이 합쳐지면?

군밤야자? 대체 어떤 과일인지 궁금했다. 그런데 주원료를 보니 야자즙과 군밤이 첨가된 제품이다. '순수한 자연의 맛과 향기'라는 문구가 새겨진 '망고우유'제품 역시 '우유가루와 망고즙'이 첨가되어 '망고우유에스키모'가 되었다. 무방부제에 '과일즙 함량 10%이상'이라는 망고우유에스키모가 전하는 순수한 자연의 향은 과연 어떠할까? 〈락연식료가공공장〉에서 생산한 이 제품 포장지는 다른 제품과 비교할 때 가장 화려한 색상과 디자인 요소를 넣었다.

락화생즙과 호두즙 에스키모는 어떤 맛일까?

북한에서 락화는 땅콩을 이르는 말이다. '락화생즙'은 땅콩즙이라는 말인데, 땅콩즙과 호두즙이 첨가된 이 에스키모는 과연 어떤 맛일까?

에스키모 생산공장의 다양한 브랜드

'에스키모' 제품을 생산하는 공장의 브랜드는 '5월1일경기장', '선유봉', '새벽', '새매산', '락연', '푸른대지', '설류봉', '봄빛' 등이다. 이 중에서 '5월1일경기장'의 브랜드 디자인은 포장지 색상에 따라 디자인과 색상이 조금씩 차이가 있다.

락연식료가공공장

락연

공장 / 오일종합가공공장
브랜드 / 5월1일경기장

북창대흥탄광

선유봉

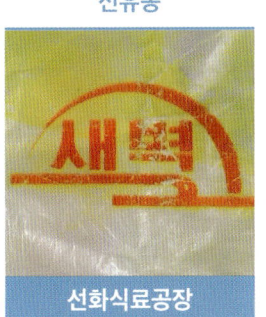

선화식료공장

새벽

은정00가공사업소

새매산

사리원철도상업관리소

푸른대지

해주려관

설류봉

평천랭동공장

봄빛

EXHIBITION
05

식품류

EXHIBITION 05
식품류

식품류는 '즉석국수'와 '우동' 등 면제품을 비롯해 '쏘세지', '안주', '고추절임', '마요네즈', '맛살', '보가지(복어)', '우유가루', '차', '해바라기씨', '매운닭발쪽' 등이다.

종류/곳	생산공장
즉석국수 (8곳)	대성천종합식료공장, 대성천식료공장, 금강산무역회사, 경흥은하수식료공장, 오일종합가공공장, 라선령선종합가공공장, 송도원종합식료공장, 삼건무역회사
우동 (9곳)	수출품생산사업소, 남포시기초식품공장, 양명식료품가공사업소, 천마산식료공장, 평양114수출원천생산사업소, 발양산식료가공사업소, 갈마천가공사업소, 전진식료가공사업소('천마산' 브랜드, 공장명 미표기)
쏘세지 (1곳)	금컵체육인종합식료공장
안주 (2곳)	청류벽식료공장, 락랑식료공장
고추절임 (1곳)	평양대흥식품교류소
마요네즈 (2곳)	관문무역회사, 관문식료사업소
맛살, 조개살 (2곳)	관문식료사업소, 갈마식료공장
보가지(복어가공품)(1곳)	000가공공장
우유가루 (1곳)	평양대흥무역회사
인조고기 (3곳)	락랑광흥식료가공사업소, 철도록산무역회사, 남포기술대학기술제품연구실
차, 영양즙 (4곳)	000건강식품공장, 평양대흥무역회사, 경공업무역회사, 남포기술대학기술제품연구실
해바라기씨 (1곳)	('덕월산' 브랜드, 공장명 미표기)
매운닭발쪽	('명왕성' 브랜드, 공장명 미표기)

17 즉석국수

'즉석국수'는 라면을 의미하는데 주로 '소고기맛' 제품이 많다. 〈경흥은하수식료공장〉에서 '소고기맛, 해물맛 즉석국수'를 비롯해 3종의 제품을 생산하며, 그 외에 〈대성천종합식료공장〉, 〈대성천식료공장〉, 〈금강산무역회사〉, 〈라선령선종합가공공장〉 등에서 제품을 선보이고 있다.

No.	품 명	브랜드	공 장	공장주소	공장전화번호
1	즉석국수	대성천	대성천종합식료공장	평양시 만경대구역 선내동	02-761-5010
2	즉석국수	대성천	대성천식료공장	평양시 만경대구역 선내동	02-761-5610
3	소고기맛 즉석국수	황금나락	금강산무역회사		
4	해물맛 즉석국수	경흥	경흥은하수식료공장	평양시 만경대구역 칠골2동	02-765-1501
5	소고기맛 즉석국수				02-765-2111
6	돼지뼈국물맛 즉석국수				
7	소고기맛 즉석국수	5월1일경기장	오일종합가공공장	라선시 라진지구 신흥1동	02-370-8303
8	소고기 맛 즉석국수	두만강	라선령선종합가공공장		
9	즉석국수	송도원	송도원종합식료공장	강원도 원산시 석현동	
10	속성국수		삼건무역회사		

식품류

사회주의경쟁열풍: 디자인 베끼기

　북한 제품 포장지를 보면 공장기업소 별로 다른 상품의 이미지를 그대로 카피한 듯한 제품이 있다. 북한에서는 '사회주의경쟁열풍'이 강조된다. 2021년 5월 26일 로동신문 '경쟁 열풍으로 지역 발전을 이룩해나가자'라는 제목의 기사를 보면 "당의 구상과 의도에 맞게 모든 시·군들의 균형적 동시 발전을 이룩해나가자면 시·군들 사이의 사회주의 경쟁을 더욱 맹렬히 전개해나가야 한다"라는 내용이 있다. 지역별, 공장별, 개인별로 사회주의경쟁을 통해 제품의 생산과 질을 보장하자는 주장인데, 사회주의 경쟁이란 "앞선 단위는 뒤떨어진 단위를 도와주고 이끌어주며 뒤떨어진 단위는 앞선 단위를 따라잡으면서 다같이 전진해나가는 집단주의적 요구를 구현한 대중적 혁신 운동"을 의미한다. '사회주의경쟁열풍'이 '다같이 전진해나가는 집단주의적 요구'라고 하지만 자본주의 시장경제 관점에서 보면 제품의 모방이나 디자인 침해에 해당한다.

　북한에서 생산한 즉석국수 제품 포장지는 카피의 전형적인 사례를 보여준다. 예를 들어, 〈경흥은하수식료공장〉에서 '경흥'이라는 브랜드로 생산한 '소고기맛 즉석국수'와 〈라선령선종합가공공장〉에서 '두만강'이라는 브랜드의 '소고기맛 즉석국수'를 비교하면 '즉석국수'라고 쓴 부분의 서체가 획의 굵기와 길이를 조금 변형했을 뿐 매우 비슷함을 알 수 있다. 〈오일종합가공공장〉과 〈금강산무역회사〉에서 만든 즉석국수 제품도 역시 서체가 비슷하다.

각각 다른 공장에서 생산한 제품이지만 '즉석국수' 서체가 비슷하다

또 제품에 인쇄한 조리방법의 표기도 비슷한데, 내용은 두 제품이 똑같지만 문장 배열이나 단어 등에서 차이를 주어 각각 다른 제품임을 표현하고 있다. 제품 출시연도나 공장설립일이 언제인지 알 수 없기에 원제품과 카피 제품을 구분하기는 어렵다. 포장지에 표기된 각각의 조리방법을 비교하면 다음과 같다.

상품별 조리방법 표기 비교

경흥은하수식료공장	비교문장		라선령선종합가공공장
- 500~550ml의 끓는물에 즉석국수와 함께 양념감을 넣고 3분간 더 끓이시면 맛있는 소고기맛즉석국수가 됩니다. - 구미에 맞게 고기와 닭알, 김치, 파 등을 넣어 먹으면 맛이 더욱 좋습니다.	500~550ml의 끓는물에	끓는물 500ml에	- 끓는물 500ml에 국수와 양념감을 넣고 4분정도 끓이면 됩니다. - 구미에 맞게 김치, 닭알, 파 등을 넣으면 맛이 아주 좋습니다.
	즉석국수와 함께 양념감을 넣고	국수와 양념감을 넣고	
	3분간 더 끓이시면	4분 정도 끓이면	
	고기와 닭알, 김치, 파 등을 넣어 먹으면	김치, 닭알, 파 등을 넣으면	
	맛이 더욱 좋습니다.	맛이 아주 좋습니다.	

한국 라면과 유사한 디자인: 어느 제품이 메이드 인 북조선인지?

　북한에서 생산한 제품의 디자인이 서로 비슷한 것도 있지만, 한국산 라면 제품과 비교할 때 마치 디자인을 그대로 도용한 듯한 제품도 있다. 한국산 라면 포장지에 인쇄된 '횡성' 등의 단어 외에 캐릭터나 디자인만 보면 어느 제품이 각각 남북한인지 구분조차 어렵다.

　한국 〈농심〉 '신라면'과 북한 〈라선령선종합가공공장〉의 '소고기맛 즉석국수'의 포장지는 색상과 디자인이 비슷하다. 한국 라면 공장의 역사가 거의 70여 년이 다 되어가니, 아무래도 북한이 남한 제품의 디자인을 카피한 것으로 보인다. 만약 한국산 라면이 북한 제품을 카피한 것이라면?

북한 〈라선령선종합가공공장〉의 '소고기맛 즉석국수'

한국 〈농심〉의 '신라면'

식품류

북한의 '소고기맛 즉석국수'

한국 <삼양식품>의 '쇠고기면'

서해5도에서 북한쓰레기를 줍다

대성천 즉석국수: '말린파'와 '말린홍당무우' 첨가

〈대성천식료공장〉과 〈대성천종합식료공장〉에서는 '대성천'이라는 브랜드를 똑같이 사용한다. 공장명과 포장지 디자인은 조금 다르지만, 제품 포장지에 표기된 내용이나 공장주소는 두 제품이 똑같다. 국규에 〈3758:2009〉와 〈3758:2009(2종)〉으로 각각 표기된 것으로 볼 때 같은 종류의 제품으로 추정된다. 제품의 특성을 보면 "순수한 식용원료로 생산한 이 즉석국수는 질 좋은 국수발에 구수하고 매운 맛이 잘 어울려 입맛을 돋우어줍니다"라고 쓰여 있다. 조리방법은 양념 먼저 넣고 끓인 다음 면을 넣어 2분간 더 끓인다고 한다.

조리방법	물 550ml에 먼저 양념을 넣고 끓인 다음 즉석국수를 넣어 2분 정도 더 끓이면 됩니다.
주원료	식성에 맞게 간을 맞추고 김치와 같이 드시면 맛이 더 좋습니다. 밀가루, 정제기름, 소고기가루, 닭고기가루, 고추가루, 소금, 후추가루, 생강가루, 버섯가루, 말린파 말린홍당무우. 방부제와 표백분은 들어있지 않습니다.
보관조건	25°C이하, 상대누기 70%이하
보관기일	6개월
	포장을 뗀 다음 인차 잡수십시오.

 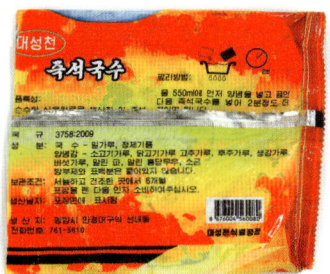

'해물맛'과 '돼지뼈국물맛' 즉석국수: 절묘한 조미료 배합

북한에서 생산한 '즉석국수'제품은 대부분 '소고기맛'으로 주원료에 소고기가루가 첨가된다. 그런데 〈경흥은하수식료공장〉에서 생산한 '해물맛 즉석국수'는 주원료에 '조미료와 해물맛종합양념가루'를 첨가하여 해물맛 제품을 출시했다. 제품 특징으로 "해물맛을 그대로 살려 드시는 사람들에게 바다의 향기를 그대로 느낄수 있게 하여줍니다. 국수발이 쫄깃하여 해물맛을 한층 더 돋구어줍니다"라는 문구를 표시했다.

'해물맛 즉석국수'와 함께 '돼지뼈국물맛 즉석국수'도 소고기맛 제품과는 차별화된 제품이다. 역시 주원료에 '맛내기, 돼지뼈기름, 돼지뼈엑스'를 넣어 맛의 특성을 살렸다.

소고기맛과 얼벌벌한 매운맛: 쫄깃쫄깃한 국수발

소고기맛 즉석국수 중에서 '얼벌벌한 매운맛'은 대체 어떤 맛일지 궁금하다.

"이 즉석국수는 구수한 소고기맛과 얼벌벌한 매운맛이 나며
쫄깃쫄깃한 국수발로 하여 드시는
사람들의 입맛을 한층 더 돋구어줄것입니다."

18 우동

우동은 '금은산' 브랜드를 사용하는 〈수출품생산사업소〉와 '보람' 브랜드의 〈남포시기초식품공장〉 그리고 '사철' 브랜드의 〈평양114수출원천생산사업소〉 등에서 생산하고 있다. 우동과 즉석국수를 같이 생산하는 공장은 없는 것으로 보인다. 우동 제품 용량은 400g에서 500g이며 포장지는 규격화되어 있다. 북한 제품 생산공장이 대부분 평양에 있는데, 포장지에 표기된 것만으로 볼 때 〈발양산식료가공사업소〉는 '황해북도 사리원시 원주동'으로 되어 있다. 우동 포장지에 표기된 주원료는 다른 첨가물 없이 '밀가루'만 쓰인 경우가 많다.

No.	품명	브랜드	공장	공장주소	공장전화번호
1	우동	금은산	수출품생산사업소	·	·
2	우동	보람	남포시기초식품공장	·	·
3	우동	양명	양명식료품가공사업소	·	041-53-1395, 041-53-1193
4	우동	동양	천마산식료공장	·	·
5	우동	천마산	·	·	·
6	우동	사철	평양114수출원천 생산사업소	황해북도 사리원시 원주동	·
7	우동	발양산	발양산식료가공사업소	·	·
8	우동	천화대	갈마천가공사업소	·	·
9	우동	새시대	전진식료가공사업소	·	·

조리방법: 우동이 만문해지면…

앞서 즉석국수의 조리방법은 양념과 면을 같이 넣고 끓이는 제품과 양념을 먼저 넣고 끓인 후 나중에 면을 넣는 제품 등 조리방법이 달랐다. 우동 제품에 표기된 조리방법을 보면 우동을 '끓는 물에 삶은 후 면을 꺼내 헹구어서 먹는 방식'이다.

조리방법	1. 우동을 끓는 물에 넣고 우동이 만문해지면 인차 조리로 건져냅니다.
	2. 상온(18~20℃) 물에 2~3번 헹구어서 사리를 만든 다음 채반에 건져 물기를 뺍니다.
	3. 우동즙을 맛있게 만들어 꾸미로는 양배추와 고구마잎, 버섯, 풋고추, 미역줄기와 같은 것을 볶아넣고 삶은 닭알을 놓아 잡수시면 됩니다.
먹는방법	우동을 끓는 물에 10~15분동안 삶아 익힌 후 찬물에 씻어 그릇에 담는다.
	식성에 맞게 닭고기, 홍당무우, 김치, 파, 닭알 등을 넣어 드시면 맛이 더욱 좋습니다.

가정에 따뜻한 감을 더해주는 우동?

쫄깃쫄깃 고소한 맛은 충분히 알 수 있을 것 같다. 그런데 우동맛이 '후더분한 느낌'이라고 한다. '가정에 따뜻한 감을 더해주는 우동'이란 대체 어떤 의미일까?

브랜드	공장	맛
양명	양명식료품가공사업소	쫄깃쫄깃한 맛, 후더분한 느낌
발양산	발양산식료가공사업소	쫄깃쫄깃 고소한 맛
천화대	갈마천가공사업소	고유한 밀맛
		매끈하고 쫄깃쫄깃한 맛
		가정에 따뜻한 감을 더해주는 우동

쏘세지

'쏘세지' 제품은 〈금컵체육인종합식료공장〉에서 생산한다. 쏘세지의 주원료는 '돼지고기, 마늘, 후추'이며 보관조건은 0~4°C, 보관기일은 1개월로 표기되어 있다. 포장지 앞면에 그려진 캐릭터 디자인이 눈에 띈다.

20 안주

안주 제품은 '청류벽' 브랜드를 사용하는 〈청류벽식료공장〉의 '종합가공안주'와 '락랑'이라는 브랜드의 〈락랑식료공장〉에서 만든 '가공 락화생' 제품이 있다.

No.	품명	브랜드	공 장	공장주소	공장전화번호
1	종합가공안주	청류벽	청류벽식료공장	·	·
2	가공 락화생	락랑	락랑식료공장	평양시 락랑구역 정백2동	·

〈종합가공 안주〉 제품의 주원료는 '콩류, 조개류, 알곡류, 소금, 사탕가루, 맛내기, 기름'이며, 〈가공 락화생〉 제품은 '락화생, 소금, 맛내기, 사탕가루' 등이다.

락화생

고추절임

'고추절임' 제품은 〈평양대흥식품교류소〉에서 생산한 제품으로 주원료는 고추와 소금이다. 보관조건은 10℃ 이하이며 보관기일은 6개월이다. 제품 포장지 대부분이 잘린 채 윗부분 정도만 남아 있어 더 많은 정보를 파악하기는 어렵다.

No.	품명	브랜드	공장	공장주소	공장전화번호
1	고추절임	대흥	평양대흥식품교류소	·	·

마요네즈

마요네즈 제품은 '꽃구름' 브랜드를 사용하는 〈관문식료사업소〉 제품을 비롯해 모두 3종류다. 3종류의 용량이 각각 다르며 포장지 재질과 상태 그리고 디자인 형태로 봐서는 〈붉은거리식료회사〉의 100g 마요네즈가 오래된 제품으로 추정된다.

No.	품 명	브랜드	공장	공장주소	공장전화번호
1	마요네즈(150g)	꽃구름	관문식료사업소	평양시 락랑구역 관문1동	02-973-3256
2	마요네즈(250g)	봄	관문무역회사	·	02-973-3253
3	마요네즈(100g)	락현	붉은거리식료회사	·	·

꽃구름과 봄: 마요네즈 생산공장의 브랜드

마요네즈를 생산하는 공장은 〈관문식료사업소〉와 〈관문무역회사〉인데, 각각 '꽃구름'과 '봄'이라는 브랜드를 사용한다. 용량의 차이와 함께 각각 '부드럽고 고소한 맛'과 '산뜻하고 감미로운 맛'의 차이가 있다.

"0°C 아래부터는 분리될 수 있으므로 주의하여 주십시오. 마개를 연 후 랭장고(5~10°C)에 보관하며 될수록 1개월 이내에 사용하여주십시오"라는 문구가 눈에 띈다. 주원료는 '식물성기름, 닭알, 사탕가루, 소금, 식초' 등이다.

'마요네즈' 외래어 표기 서체

북한당국은 서체에서도 '우리식'의 고유한 특성과 사상을 담아야 한다고 주장한다. '마요네즈'는 외래어 표기인데 과연 우리식으로 어떻게 형상화했는지 궁금하다.

관문무역회사

관문식료사업소

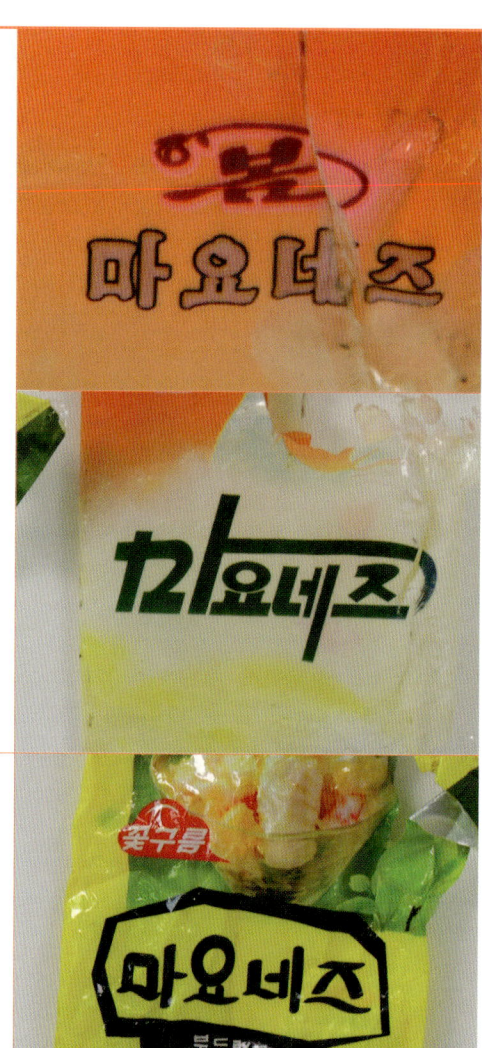

🔻 마요네즈 제품 포장지의 서체

23 맛살과 조개살

마요네즈 제품을 생산한 〈관문식료사업소〉의 '조개살'과 '말린맛살' 제품이 있다. 이외에도 〈갈마식료공장〉에서 '말린 낙지살편' 등의 가공식품을 생산한다.

No.	품명	브랜드	공장	공장주소	공장전화번호
1	조개살	꽃구름	관문식료사업소	평양시 락랑구역 관문1동	02-973-3256
2	말린 맛살	·	·	·	02-973-3253
3	말린 맛살	금릉	·	·	·
4	가공낙지	락연	·	·	·
5	말린 낙지살편	·	갈마식료공장	강원도 원산시 석현동	057-35-3273

포장지 조각 맞추기 완성: 바다의 맛 그대로

'꽃구름'이라는 브랜드의 〈관문식료사업소〉에서 생산한 '조갯살' 포장지는 그야말로 조각 맞추기였다. 25g과 40g 용량의 각각 다른 제품이 출시되는데 '꽃구름'이라고 쓰인 브랜드가 쓰인 포장지 윗부분은 다른 시기에 가서 주운 것이다. 포장지에 '맛살'이라고 쓴 부분이 훼손되어 '맛살'로 추정했는데, 다음 방문 때 '맛'이라고 쓴 윗부분을 주울 수 있어서 퍼즐이 완성되었다.

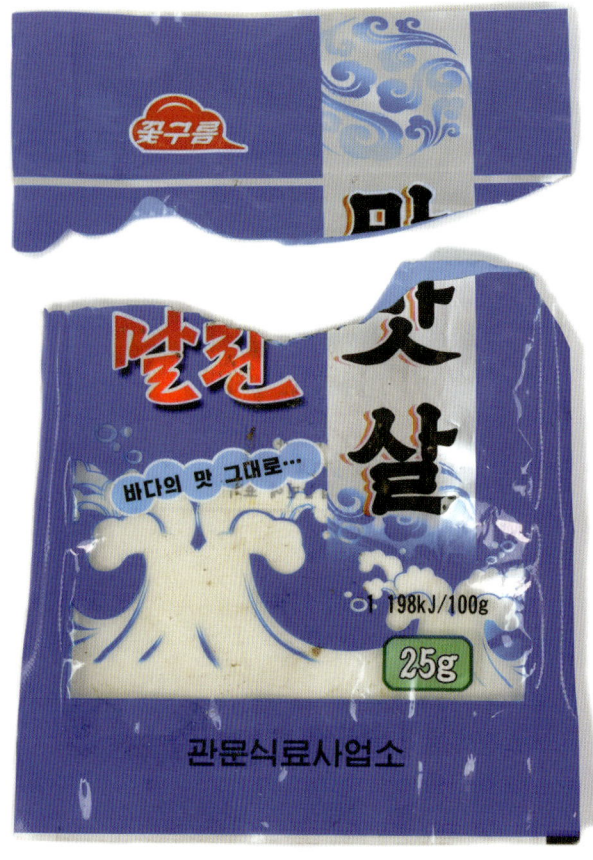
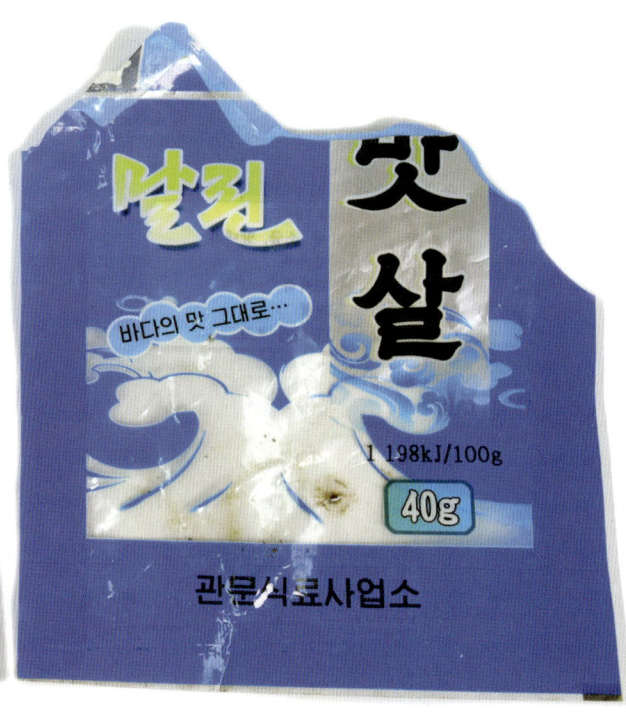

〈말린 낙지살편〉은 어떤 맛일까?

24 보가지

복어가공품

'보가지'는 복어를 뜻하는 북한말이다. '랭동진공건조' 가공식품으로 주원료는 '보가지, 사탕가루, 맛내기, 소금'이다. 포장지의 일부가 소각된 흔적이 있어 공장명이 지워졌다. 주소는 '강원도 안변군 O랑리'로 표기되어 있는데 지명으로 봐서는 '월랑리'로 추정된다. 제품 포장지에 그려진 '건아포'라는 브랜드는 물고기 모양을 형상화했다.

No.	품명	브랜드	공장	공장주소	공장전화번호
1	보가지	건아포	ㅇㅇㅇ가공공장	강원도 안변군 O랑리	·

25 우유가루

'대흥'이라는 브랜드를 사용하는〈평양대흥무역회사〉에서 생산한 콩 우유가루 제품이다. 주원료는 '콩, 우유가루, 사탕가루, 소금'이며, 보관기일은 3개월이다.

No.	품명	브랜드	공장	공장주소	공장전화번호
1	콩 우유가루	대흥	평양대흥무역회사	평양시 룡성구역 룡성2동	·

26 인조고기

인조고기는 '하늘'이라는 브랜드의 〈락랑광흥식료가공사업소〉, '동명'이라는 브랜드의 〈철도록산무역회사〉 그리고 '진도'라는 브랜드를 사용하는 〈남포기술대학기술제품연구실〉에서 생산하는 3종류의 제품이 있다. 3종류 제품 모두 '조미료의 향긋한 맛이 잘 어울린다'라는 문구를 포장지에 표기했다. 〈남포기술대학기술제품연구실〉에서 인조고기를 생산한 것이 눈에 띈다. 남포에는 남포교원대학, 남포공산대학, 남포전기대학, 남포수산대학 등 분야별로 특화된 학교가 있는데 남포기술대학 역시 그중 한 곳으로 보인다.

No.	품 명	브랜드	공 장	공장주소	공장전화번호
1	소고기맛콩인조고기	하늘	락랑광흥식료가공사업소	평양시 락랑구역 승리2동	.
2	가공콩인조고기	동명	철도록산무역회사	.	02-936-6016
3	가공콩인조고기	진도	남포기술대학 기술제품연구실	남포시 와우도구역 남흥동	.

쫄깃쫄깃 새로운 맛

〈락랑광흥식료가공사업소〉에서 생산한 '소고기맛 콩인조고기' 제품 포장지에는 '새로운 맛'을 강조하는 문구가 표시되어 있다. '하늘'이라는 브랜드 디자인과 소를 형상화한 디자인 그리고 서체 역시 친근한 이미지를 표현한다.

3개의 제품 중 2개 제품의 용량이 50g인데, 유독 이 제품만 10g이다. 처음에 포장지 한 개만 주웠을 때는 이상하다고 생각했는데, 나중에 여러 장을 줍고 보니 궁금증이 풀렸다. 이 제품은 단일포장이 아닌 10g 소포장을 여러 개 연결해서 만들었다. 주원료는 '소고기가루, 콩단백, 밀가루, 소금, 기름, 맛내기, 후추가루, 사탕가루, 고추가루' 등이며, 보관조건은 0~10°C로 표기되어 있다.

차

서해5도에서 습득한 생활 쓰레기 포장지 중 차는 3종류다. '살구씨율무차', '개성고려인삼생강차', '복숭아탄산단물가루' 등의 제품이 있다.

'관덕정'이라는 브랜드를 사용하며 〈개성록산수출품가공공장〉에서 생산한 '개성고려인삼생강차'는 영문과 한자가 병기되어 수출품임을 알 수 있다. 〈강봉건강식품공장〉에서 생산한 '살구씨율무차'는 콩펩티드를 생산하는 〈강봉약제국〉과 같은 곳으로 볼 수 있는데, 이는 포장지에 새겨진 강봉이라는 브랜드를 통해 추정할 수 있다. 지난 2013년 6월 7일 〈조선신보〉 기사에 따르면 〈강봉약제공장〉에서 콩을 이용해 화장품과 의약품을 생산했다고 한다.

No.	품 명	브랜드	공 장	공장주소	공장전화번호
1	살구씨율무차	봉선화	--건강식품공장	·	·
2	개성고려인삼생강차	관덕정	개성록산수출품가공공장	·	02-936-6016
3	복숭아 탄산단물 가루	금노을	경공업무역회사	대동강구역 문수3동	·
4	살구 영양즙	진도	남포기술대학 기술제품연구실	·	·

'인조고기' 제품을 선보였던 〈남포기술대학기술제품연구실〉에서 '살구영양즙' 제품도 만든다

물에 타서 마시는 비타민 C

'금노을'이라는 브랜드의 〈경공업무역회사〉에서 만든 '복숭아탄산단물 가루'제품이다. 먹는 방법으로 '제품 한 봉지를 찬물에 넣고 마개를 꼭 막아 잘 흔들어 푼 다음 마시면 됩니다'라고 쓰여 있다. 주원료로 비타민 C를 강조하는데 포장지에 '비타민 C' 문구가 여러 개 새겨져 있다.

이 제품은 국규가 아닌 '경무기규 2:2007'로 표기되어 있다. 다른 제품은 '생산날자 년 월 일'로 표기되는 반면, 이 제품은 '생산 주체 년 월 일'로 표기되었다. 이번 조사를 위해 수거한 수백여 종의 북한 제품 포장지 가운데 주체연호(김일성이 태어난 1912년을 주체1년으로 산정하는 북한식 연도 표기)를 표기한 제품은 3~4개에 불과하다.

28 해바라기씨

'덕월산' 브랜드의 '닦은 해바라기씨' 제품은 포장지가 훼손되어 공장을 확인할 수 없다. 주원료는 '해바라기씨, 맛내기, 조미료'다. 특이한 점은 국규가 아닌 '1:2019(황주군규)'로 표시되어 있다. 황주는 황해북도 황주군을 의미하는 것이며, 국가 규격 중 황주군에 등록된 규격으로 보인다. 브랜드로 사용하는 '덕월산' 역시 황해북도 황주군에 있다.

No.	품명	브랜드	공장	공장주소	공장전화번호
1	닦은 해바라기씨	덕월산	·	·	·

29 매운닭발쪽

'명왕성'이라는 브랜드의 '매운닭발쪽' 제품 역시 포장지가 많이 훼손되어 제품 정보를 파악하기 어렵다. 포장지에는 닭을 형상화한 디자인과 '생큼하고 매운맛'이라는 문구가 표시되어 있다. 어떤 회사이길래 브랜드를 '명왕성'으로 쓰는지 궁금하다.

나머지 제품은 상품명이나 브랜드는 확인할 수 없고,〈통일거리운동센터〉라는 공장명만 확인된다. 다만 앞서 '매운닭발쪽' 제품에 '생큼하고 매운맛'이라는 안내 문구가 있었는데 이 제품 포장지에도 같은 문구가 표시된 걸로 봐서 '매운닭발쪽' 제품으로 추정한다. 제품 포장지의 색상이나 캐릭터를 고려할 때 두 제품은 각각 다른 공장에서 생산한 것으로 보인다.

No.	품명	브랜드	공장	공장주소	공장전화번호
1	매운닭발쪽	명왕성	·	·	·
2	·	·	통일거리운동센터	·	·

EXHIBITION
06

양념류

닭고기맛

닭고기
양념가루

943kJ/100g

80g

옥류뫼건강식품공장

EXHIBITION 06
양념류

양념류는 크게 '맛내기(조미료)', '후추가루', '양념가루', '고추가루', '생강가루' 등으로 구분할 수 있다. 이 중에서 맛내기를 생산하는 공장은 〈묘향무역총회사 선봉빵공장〉, 〈운하대성식료공장〉 등을 포함해 25곳으로 제일 많았으며, 〈금은산무역회사 운하판매소〉, 〈을지봉합작회사〉 등 후추가루 공장이 8곳으로 그 뒤를 이었다. '불고기 조미료'를 생산하는 〈을지봉합작회사〉를 비롯해 6곳의 양념가루 생산공장이 있다. 〈동대원김치공장〉의 '고추가루'와 〈곡물가공연구소〉의 '생강가루' 제품도 있다.

양념류 생산 공장

종류/곳	생산공장
맛내기 (25곳)	묘향무역총회사 선봉빵공장, 묘향무역총회사, 운하대성식료공장, 유아무역회사, 만석봉식료가공사업소, 장생식료공장, 경흥4무역회사, 락연무역회사, 설천상업기술교류사, 룡악무역회사, 예륭합영회사, 무도식료가공사업소, 고려항공총국식료가공공장, 금릉무역회사, 정백금흥식료가공사업소, 소백산식료가공사업소, 금은산무역회사 은하금은산상점, 대보무역회사, 철도록산무역회사, 국제무도회사, 새별식료공장, 장산무역회사, 락랑영예군인수지일용품공장, 청연무역회사, 동양선교식료공장
후추가루 (8곳)	금은산무역회사 운하판매소, 금은산무역회사 운하금은산상점, 을지봉합작회사, 곡물가공연구소, 국광합작회사, 봉화봉사관리소, 청연무역회사, 동양선교식료공장
양념가루 (4곳)	산업미술무역회사, 옥류벽건강식품공장, 을지봉합작회사, 금은산무역회사 운하금은산상점
고추가루 (3곳)	동대원김치공장, 영봉식료공장, 공장명미표기
생강가루 (1곳)	곡물가공연구소

맛내기

30

서해5도에서 습득한 제품 포장지 중 단일품목으로 가장 많은 양을 차지하는 건 다름아닌 '맛내기'다. 맛내기는 25곳의 공장에서 모두 30종류의 제품을 생산하는데, 그 중에서 〈설천상업기술교류사〉에서는 '복합맛내기', '보리추출 맛내기' 등을 비롯해 모두 3종류의 제품을 선보이고 있다.

주요 공장은 〈묘향무역총회사〉, 〈조선대보무역회사〉, 〈운하대성식료공장〉, 〈유아무역회사〉, 〈장생식료공장〉, 〈만석봉식료가공사업소〉, 〈경흥4무역회사〉, 〈락연무역회사〉, 〈설천상업기술교류사〉, 〈룡악무역회사〉, 〈예릉합영회사〉, 〈무도식료가공사업소〉, 〈고려항공총국식료가공공장〉, 〈금릉무역회사〉, 〈정백금흥식료가공사업소〉, 〈국제무도회사〉, 〈유아종합식료공장〉, 〈소백산식료가공사업소〉, 〈금은산무역회사 운하금은산상점〉, 〈철도록산무역회사〉, 〈락랑영예군인수지일용품공장〉, 〈새별식료공장〉, 〈장산무역회사〉 등이다.

같은 공장에서 디자인이나 함량을 달리해서 다른 종류를 생산하는 상품까지 감안하면 총 35종류의 맛내기 포장지가 수거되었다. 〈고려항공총국식료가공공장〉이나, 〈락랑영예군인수지일용품공장〉 등에서도 맛내기를 생산하고 있음을 알 수 있다. 맛내기 포장에서 특이한 건 제품마다 고유한 브랜드는 물론 캐릭터가 포함되어 있다는 점이다. 상품 포장지에 음식과 함께 모자를 쓴 다양한 캐릭터가 그려져 있다. 같은 기업소에서 각기 다른 종류의 맛내기로 구분하는 건 역시 포장디자인이나 제품의 용량에 따른 차이다.

북한에서 맛내기공장이 처음으로 언급된 건 1974년이다. 1974년 9월 8일자 로동신문 "현대적 설비를 갖춘 맛내기직장이 새로 건설되어 조업을 시작"이라는 제목의 기사가 있다.

No.	품명	브랜드	공장	공장주소	공장전화번호
1	맛내기	묘향	묘향무역총회사선봉빵공장	평양시 서성구역 와산동	02-537-0835
2	맛내기		묘향무역총회사	.	.
3	맛내기	대하	운하대성식료공장	평양시 보통강구역 붉은거리 2동	02-455-0419, 02-455-0412
4	맛내기	영봉	유아무역회사	평양시 락랑구역 승리2동	.
5	감칠맛맛내기				
6	맛내기	정산	만석봉식료가공사업소	.	.
7	핵산 맛내기				
8	맛내기	장생	장생식료공장	.	.
9	맛내기	경흥	경흥4무역회사	평양시 만경대구역 축전1동	02-762-0277, 02-762-0288
10	맛내기	락연	락연무역회사	평양시 락랑구역 관문2동	02-963-2750, 02-963-1424
11	보리에서추출한 맛내기	만발	설천상업기술교류사	평양시 사동구역 송신1동	02-694-0139
12	복합맛내기				
13	맛내기				
14	맛내기	릉라도	룡악무역회사	.	02-455-0466
15	맛내기	은금	예룡합영회사	평양시 만경대구역 칠골1동	02-732-3105
16	맛내기	슬기	무도식료가공사업소	평양시 서성구역 서천동	02-569-2493
17	맛내기	고려항공	고려항공총국식료가공공장	.	.
18	맛내기	새길	금릉무역회사	.	.
19	맛내기	섬광	정백금흥식료가공사업소	평양시 락랑구역 정백 1동	02-932-8082
20	맛내기	.	유아종합식료공장	평양시 락랑구역 승리2동	.
21	맛내기	소백산	소백산식료가공사업소		
22	맛내기	금은산	금은산 무역회사 운하금은산상점	평양시 보통강구역 붉은거리2동	02-455-1143, 02-455-0405
23	맛내기				

No.	품명	브랜드	공장	공장주소	공장전화번호
24	맛내기	대성천	대보무역회사	·	02-455-1054
25	맛내기	대성천	조선대보무역회사 보통강물자생산사업소	·	02-455-1054
26	맛내기	동명	철도록산무역회사	평양시 보통강구역 붉은거리 2동	·
27	맛내기	슬기	국제무도회사	평양시 보통강구역 붉은거리 2동	02-569-2493
28	맛내기	영봉	새별식료공장	·	·
29	맛내기	푸른매	장산무역회사	·	·
30	맛내기	·	락랑영예군인 수지일용품공장	평양시 서성구역 서천동	·

고유한 상표와 도안

　김정은이 집권한 지난 2012년부터 매년 4월 평양 평천구역에 위치한 국가산업미술중심에서는 국가산업미술전시회를 개최하고 있다. 국가적 차원에서 산업미술에 대한 중요성을 더욱 강조하는 추세다.

　2020년 4월 5일자 로동신문 '인민들이 좋아하는 산업미술 작품들을 더 많이, 더 훌륭하게'라는 제목의 기사를 보면 남위(평양미술대학 주체미술연구소 소장)의 기고를 통해 "산업미술은 공업제품과 생활환경을 아름답고 편리하고 쓸모 있게 만들며 꾸리기 위한 도안을 선행시켜주는 미술로 제품생산과 생활 환경 개선에 커다란 영향을 주었다"라고 평가했다. 이 기고에 따르면 산업미술의 개념에 대한 정의와 함께 인민생활향상을 위해 꼭 필요한 부분으로 인식하고 있음을 알 수 있다.

　인민생활향상과 산업미술의 관계는 다른 기사 내용에서도 파악할 수 있다. 2020년 6월 27일자 로동신문 기사를 보면 "인민 경제 모든 부문, 모든 단위에서 생산에 앞서 도안을 선행시키는 원칙을 철저히 지켜야 한다. 지금 날로 높아가는 인민들의 지향과 요구에 맞게 끊임없이 새 제품을 개발해 발전 속도를 높여가고 있는 단위들을 보면 예외 없이 도안 창작을 선행하고 있다. 인민 소비품 생산 단위들에서 활발히 벌어지고 있는 명제품, 명상품 개발 경쟁은 곧 도안 경쟁이다"라며 산업미술을 강조하고 있다.

　이러한 인식에서 북한 제품 포장지에는 고유한 상표(브랜드)와 디자인이 포함된다. 북한법에서 '상표'란 다른 상품과 구별하기 위한 표식을 의미한다. 대부분의 제품에는 상표가 표기되어 있다. 이번 조사에서 살펴본 여러 제품 중 '맛내기' 제품의 사례를 통해 생산공장과 상표를 비교해 볼 수 있다. '맛내기'를 생산하는 공장은 25곳으로 조사되었는데, 공장별로 생산하는 맛내기의 상표와 디자인이 모두 다르다. 상표 디자인은 색상과 서체, 형태에서 각각 차이가 있다. 상표의 경우 해당 공장 이름을 그대로 인용하는 경우도 있지만, 완전히 다른 형태의 이름으로 상표를 만들기도 한다.

예를 들어, 묘향무역총회사는 '묘향', 장생식료공장은 '장생', 경흥4무역회사는 '경흥', 소백산식료가공사업소는 '소백산' 등 공장명과 상표명이 같은 경우다. 이와는 달리 설천상업기술교류사는 '만발', 룡악무역회사는 '릉라도', 무도식료가공사업소는 '슬기', 무도식료가공사업소는 '섬광' 등으로 공장 이름과 전혀 다른 상표를 사용한다. 제품별로 상표의 이름도 다르지만 디자인과 색깔, 서체도 각각의 특성을 반영했다. 색깔은 주로 흰색 바탕에 빨강, 파랑, 노랑으로 서체를 구현한 것이 많다.

지난 2021년 10월 6일 북한에서는 〈당창건 76주년 국가산업미술전시회〉가 개최되었다. 이 전시회는 '우리 식, 우리 힘, 우리 손으로'를 주제로 김정은이 지도한 110여점의 도안을 비롯해 총 800여점의 도안이 출품되었다고 한다.

- 북한 〈조선중앙TV〉의 보도에 따르면 조선산업미술창작사 창작가 서신향의 작품인 〈봄버들 꿀제품상표포장도안〉이 "상표 도안 창작의 기본인 간결성, 집중성, 상징성을 잘 구현하고 있다는 평가를 받는다"라고 한다

'맛내기' 생산 공장과 브랜드 디자인 현황

공장	상표명	상표디자인	공장	상표명	상표디자인
묘향무역총회사	묘향		설천상업기술교류사	만발	
조선대보무역회사	대성천		룡악무역회사	릉라도	
운하대성식료공장	대하		예륭합영회사	은금	
유아무역회사	영봉		무도식료가공사업소	슬기	
만석봉식료가공사업소	정산		고려항공총국식료가공공장	고려항공	
장생식료공장	장생		정백금흥식료가공사업소	섬광	
경흥4무역회사	경흥		소백산식료가공사업소	소백산	

같은 디자인, 다른 제품

아래 사진에서 보는 두 제품은 각각 다른 공장에서 생산한 제품이다. 하나는 '동명'이라는 브랜드의 〈철도록산무역회사〉이고, 다른 하나는 '정산'이라는 브랜드의 〈만석봉식료가공사업소〉에서 생산한 제품이다. 그런데 색상이나 캐릭터, 서체 등이 거의 비슷함을 알 수 있다.

맛내기 사용방법과 대표요리

맛내기 제품 포장지 뒷면에는 대부분 사용방법을 표기해 두었다. 대표요리 몇 가지를 소개했는데, "국, 튀기, 기름볶음밥, 남새료리, 고기료리, 물고기료리"등으로 분류해 놓았다.

"따뜻한 국에는 5g정도 넣고
맛을 더 내기 위해 조금씩 량을
늘여주십시오"

생산날자는 2020년 6월 27일

〈유아종합식료공장〉에서 생산한 맛내기 제품의 생산날자가 2020년 6월 27일로 찍혀 있다. '료리의 맛을 돋구어줍니다'라는 안내문구와 함께 포장지에 새겨진 요리 사진은 다름 아닌 장어요리다.

고려항공에서 운영하는 맛내기 생산공장?

'고려항공'이라는 브랜드의 〈고려항공총국식료가공공장〉에서 맛내기 제품을 생산한다. '조금만 넣어도 충분한 감칠맛을…'이라는 안내문구가 들어 있다. 이외에도 〈락랑영예군인수지일용품공장〉에서도 맛내기를 생산한다.

맛내기 포장지의 다양한 요리들

맛내기 포장지에는 다양한 요리 사진들로 디자인했다. 비빔밥, 돈까스, 카레, 새우요리, 장어 요리 등이다.

다양한 요리사 캐릭터

맛내기 제품 포장지에는 요리 사진과 함께 요리사를 캐릭터한 디자인이 많다.

31 후추가루

후추가루는 10종류의 제품이 생산되는데 후추가루 제품이 3개, 검은 후추가루 제품이 7개다. 포장지에 생산공장이 표기되지 않은 '신원'이라는 브랜드를 사용하는 검은후추가루를 제외하고 〈금은산무역회사 운하금은산상점〉, 〈곡물가공연구소〉 등 8곳의 공장이 확인된다. 후추가루 생산공장은 〈을지봉합작회사〉, 〈금은산무역회사 운하판매소〉, 〈곡물가공연구소〉, 〈청연무역회사〉, 〈동양선교식료공장〉, 〈봉화봉사관리소〉 등이다.

No.	품명	브랜드	공장	공장주소	공장전화번호
1	후추가루	금은산	금은산무역회사 운하금은산상점	평양시 보통강구역 붉은거리2동	02-455-1143, 02-455-0405
2	후추가루	금은산	금은산무역회사운하판매소		462-0987, 462-0957
3	후추가루	을지봉	을지봉합작회사	.	.
4	검은 후추가루				
5	검은 후추가루	신원	.		
6	검은 후추가루	곤양강	곡물가공연구소	평양시 락랑구역 통일거리 1동	02-983-0383
7	검은 후추가루	국광	국광합작회사		455-0404, 455-0405, 455-0406
8	검은 후추가루	청연	청연무역회사	.	.
9	검은 후추가루	동양	동양선교식료공장	평양시 선교구역 선교1동	.
10	검은 후추가루	흥복	봉화봉사관리소	평양시 만경대구역	

을지봉합작회사: 후추가루 제품의 다양화

'을지봉' 브랜드를 사용하는 〈을지봉합작회사〉에서는 후추가루와 검은후추가루 2종류의 제품을 생산하는데, 7g과 45g 등 용량에 따라 종류가 다양하다. 후추가루의 보관기관은 1년이다.

<45g 포장지>　　<7g 포장지>

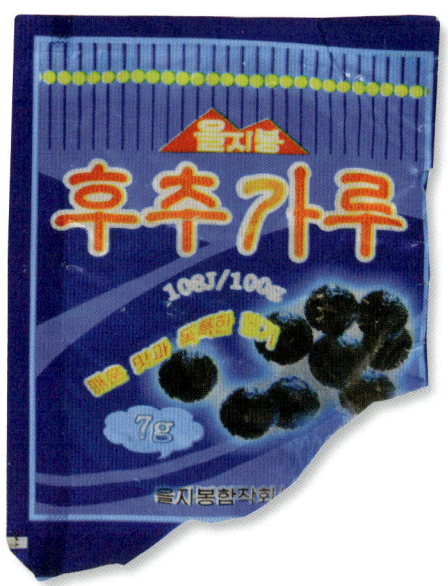
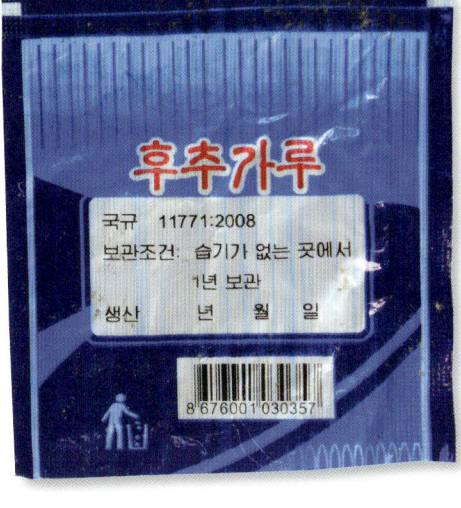

동양선교식료공장

후추가루 제품 포장지 역시 공장별로 비슷한게 많다. 〈동양선교식료공장〉과 〈을지봉합잡회사〉에서 생산한 제품 포장지의 서체가 비슷하다.

소각장에서 날아온 후추가루 포장지

연평도 현지주민이나 군인들의 이야기를 들어보면, 연평도에서 보이는 북한 지역에 큰 쓰레기 소각장이 있다고 한다. 그래서일까? 이 지역에서 주운 쓰레기 중에는 불에 탄 흔적이 많이 남아 있다. 〈청연무역회사〉에서 만든 후추가루 제품 포장지도 불에 탄 흔적이 있는데 다행히 모든 제품정보는 파악할 수 있다.

양념가루

양념가루는 4개 공장에서 6종류의 제품을 생산한다. '종합조미료'와 '불고기조미료'를 비롯해 '국수양념가루', '닭고기 양념가루' 등의 제품이다. 양념가루 외에 종합조미료 3종류가 있다.

No.	품명	브랜드	공장	공장주소	공장전화번호
1	종합조미료(4g)	금은산	금은산 무역회사 운하금은산상점	평양시 보통강구역 붉은거리2동	02-455-1143, 02-455-0405
2	종합조미료(7g)				
3	종합조미료	·	산업미술무역회사	평양시 평천구역 봉학동	·
4	불고기 조미료	을지봉	을지봉합작회사	·	·
5	국수양념가루	·	옥류벽건강식품공장	평양시 평천구역 륙교1동	
6	닭고기 양념가루	·			

을지봉합작회사: 후추가루 제품의 다양화

'을지봉' 브랜드를 사용하는 〈을지봉합작회사〉에서는 후추가루와 검은후추가루 2종류의 제품을 생산하는데, 7g과 45g 등 용량에 따라 종류가 다양하다. 후추가루의 보관기관은 1년이다.

<사용설명서>
**** 볶음료리를 만들거나 고기를 ****, 국을 끓이거나 육수물을 만드는 ***. 남새를 볶을 때 차숟가락으로 *** 넣으면 잡냄새를 없애며 남새의 ** 원맛도 잘 살려줍니다.
** 닭고기가루를 넣고 맛을 낸 다음 구미에 맞게 간을 조절합니다.
국을 끓일 때에는 1L의 물에 15g을 두며 볶음료리(4명분일 때)에는 5g정도 넣습니다.

불고기 조미료

후추가루 제품을 생산하는 〈을지봉합작회사〉에서 '불고기조미료' 제품도 선보이고 있다. 제품 포장지에는 돼지, 염소, 오리, 양, 소 그림이 그려져 있다.

종합조미료: 77가지 조미료의 비밀

앞서 보았듯이 함께 종합조미료도 채집되고 있다. 〈금운산무역회사〉 종합조미료는 상장동에서 만든 제품과 〈삼일농수산무역회사〉에서 만든 7.5g 용량의 제품이 있다. 3채집된 모든 종합조미료에 '77가지 조미료'가 표기되어 있다. 과연 7가지 조미료의 비밀은 무엇인가? 그리고 〈삼일농수산무역회사〉에 이어 왜 종합조미료를 채집한 상품은?

> 종합조미료는 장업식품생산공정서 자연의 특유한 성분으로 만들어진 동식성원료의 유효성분을 매우정묘하게 추어 식료품의 7가지를 푹이며 영양물질을 보충합니다.

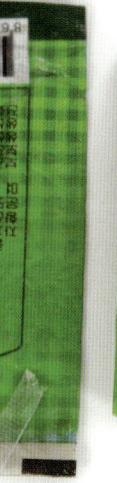

고기맛

고기맛은 3가지 종류이나 3종류의 재품이 생산된다. '영양', '고래도'는 사용하는 재품 포장지는 소지히 종이이 있으며 재 식료공장>에서 사용하는 재료도 이렇다. 다르나, 같아나가 생산하는 <재 배공장에 <세매시료공장>재품으로 추정된다.

No.	품명	분류드	운장	공장주소	공장전화번호
1	고기맛	영양	세매시료공장	·	·
2	고기맛	운시	동대원군교원고 신진동	평양시 동대원구역 신진동	·
3	고기맛	복구맛	·	·	·

대기 캐러타와 정지

〈주민접집구정〉에서 생각하는 '고추가루', 채봉 꽃장사에게 되지는 영상 원풍 디자인, 그렇지 있다. "고추가루는 여러 가지 표기를 만드는 데 씨 강이양념이 기본입니다"라고 쓰여 있다. 강이양념의 맞이 곰드로 보인다.

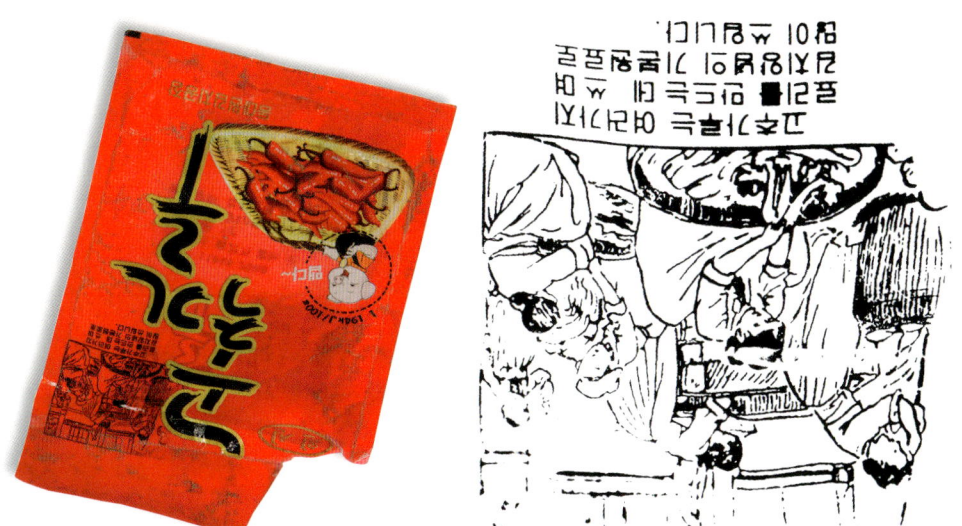

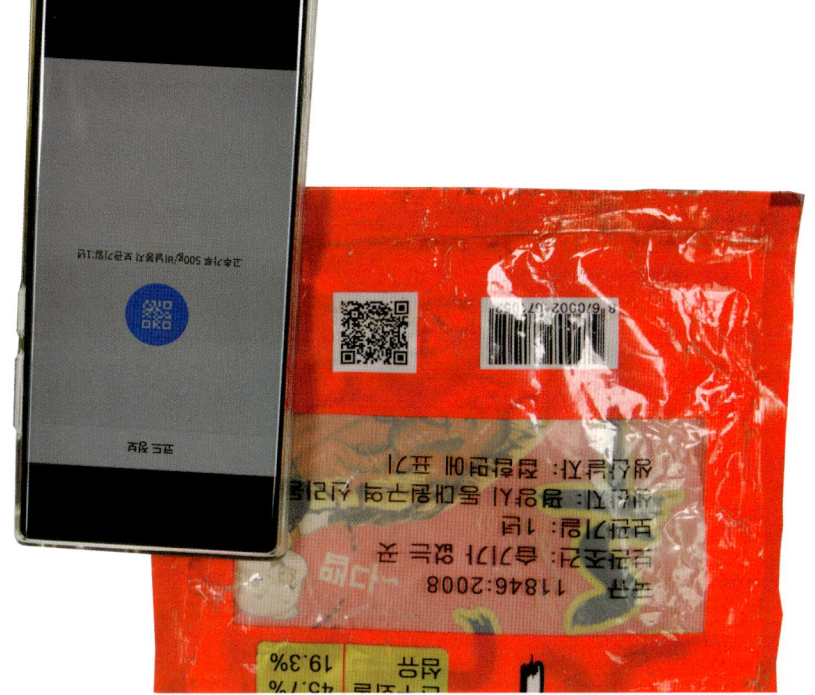

원폐, 절고 북한 체품 목장지에도 대부분 바코드와 QR코드가 표시되어 있 으며, 검사예보다 "고추가루 500g/비날봉지 포장기준: 1g", "인증된 표 지, 공장명칭, 생산년월일, 봉량의 표기"

시되었다.

녹는엿

녹는엿이라는 표현도 사용하는데 제품인데 포장지가 많이 훼손되어 정확
히 알 수 없다. "영고도 녹는엿…"이라는 문구를 통해 볼 때 그곳까지 정도로 추
정된다. '녹는', '녹는', '뺏는'의 차이?

34 생강가루

생강가루는 〈곡물가공연구소〉에서 생산한 제품이 유일하다. 평양시 락랑구역 통일거리에 있는 이 공장에서는 '생강가루'와 '검은후추가루'를 생산하고 있다.

No.	품명	브랜드	공 장	공장주소	공장전화번호
1	생강가루	곤양강	곡물가공연구소	평양시 락랑구역 통일거리 1동	02-983-0383

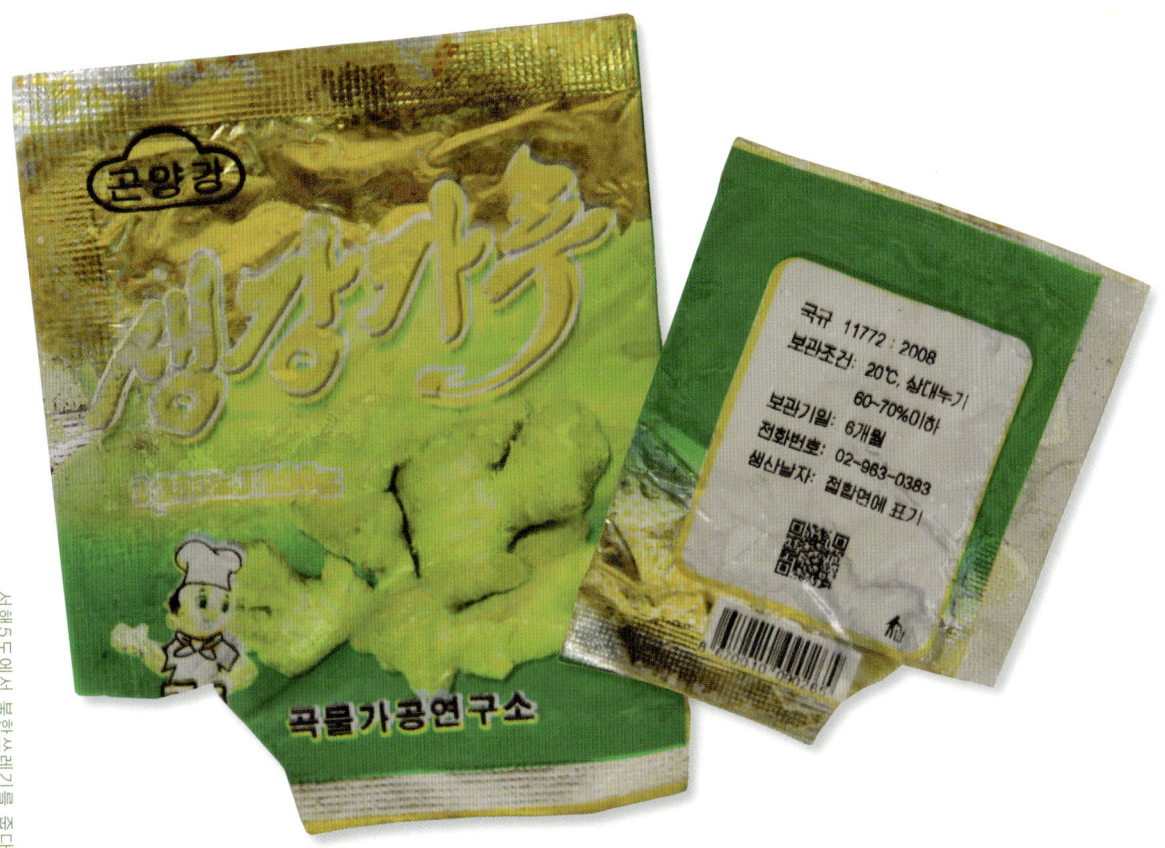

EXHIBITION
07

주류와 담배

EXHIBITION 07
주류와 담배

북한에서 생산하는 대표적인 술은 대동강맥주를 들 수 있다. 병과 캔 제품으로 다양하게 출시하는 대동강맥주는 북한의 대표적인 수출상품으로도 유명하다. 북한의 상업광고로 대동강맥주를 선전하면서 브랜드를 알리고 있다. 이외에도 봉학맥주, 평양맥주, 진달래맥주 등 다양한 맥주 제품이 있다.

소주는 평양주로 잘 알려져 있는데 국가적 차원에서 생산하며 브랜드를 관리할 정도다. 본 조사에서 입수한 북한 주류는 주로 맥주와 소주 종류다.

기존에 북한 주류에서 막걸리를 찾아보기는 어려웠다. 필자가 북중국경 도시에서 직접 입수한 제품 역시 대부분 맥주와 소주 종류였다. 그런데 서해5도에서 습득한 포장지를 보면 페트병에 담은 막걸리 제품이 있다. 또한 기존의 대동강, 평양, 봉학맥주뿐만 아니라 흑맥주와 생맥주 제품도 출시하고 있음을 알 수 있다.

서해5도에서 습득한 주류 포장지는 소주, 맥주, 막걸리로 구분한다. 먼저 소주는 〈전진소주공장〉, 〈려명식료가공공장〉, 〈송도원종합식료공장〉, 〈룡성식료가공공장〉 등으로 4종류이다. 북한에서도 병 소주 제품을 생산하는데 서해5도에 떠밀려 온 건 모두 페트(PET)병 제품이다.

맥주는 〈축전경흥식료공장〉에서 생산한 '은하수생맥주'를 비롯해 〈원산기초식품공장〉과 〈원산장원물자보장소〉의 흑맥주 제품 등으로 생맥주 2종, 흑맥주 3종이다. 〈송도원종합식료공장〉의 경우 소주와 함께 생맥주 제품도 생산한다.

No.	품 명	브랜드	공 장	공장주소	공장전화번호
1	소주	눈송이	전진소주공장	.	.
2	소주	송도원	송도원종합식료공장	.	.
3	소주	룡마산	룡성식료가공공장	.	.
4	소주	려명	려명식료가공공장	평양시 사동구역 휴암동	.
5	은하수생맥주	경흥	축전경흥식료공장	평양시 만경대구역 축전1동	02-762-0573
6	생맥주				02-762-0572, 02-762-0573
7	흑맥주	원산	원산기초식품공장	강원도 원산시 북악동	.
8	흑맥주	장원	원산장원물자보장소	.	.
9	흑맥주	송도원	송도원종합식료공장		
10	막걸리	흥건	광복신건식료공장		
11	막걸리	꽃이슬	와산보흥식료가공사업소	.	02-537-1164

막걸리 역시 페트(PET)병으로 포장된 제품인데 '흥건'이라는 브랜드의 〈보흥무역회사〉와 '꽃이슬'이라는 브랜드의 〈광복신건식료공장〉 등에서 생산하는 2종류 제품이다. 소주는 대부분 1리터 이하 용기라 라벨과 페트병이 훼손되지 않은 채 떠밀려 왔으나, 생맥주나 막걸리는 용량이 1리터 이상으로 페트병에서 라벨이 분리되어 라벨만 주웠다.

35 소주

순하고 착한 술(?): 룡마산과 려명 소주

〈려명식료가공공장〉과 '룡마산'이라는 브랜드를 사용하는 〈룡성식료가공공장〉에서 생산하는 페트병 제품은 450ml 용량으로 포장용기의 디자인이 비슷하다. 특히 두 제품 모두 제품의 맛을 강조하는데 각각 "순하고 착한 술", "순수하고 깨끗한 맛!"이라는 문구를 표기했다. 순수한 맛을 강조하는데, "착한술"은 어떤 의미일까? 한국에서도 '착한가격', '착한술' 등의 표현을 자주 사용해서 그런지 왠지 낯설지 않다. 소주의 주원료는 도토리이며 도수는 25%다.

눈송이: 부드럽고 유순한 소주

'눈송이'라는 브랜드의 〈전진소주공장〉에서 만든 소주는 "참나무숯으로 정제한 부드럽고 유순한 소주"를 강조하는데 앞서 두 제품과 달리 도수가 21%이다. 주원료는 사탕으로 표기되어 있다.

36 막걸리

민족의 향취

'흥건'이라는 브랜드의 막걸리는 〈광복신건식료공장〉에서 생산하는 제품이다. 막걸리의 보관기일은 2개월로 다른 술에 비해 보관기일이 짧다. 한국에서도 막걸리는 대부분 500ml 포장용기 제품인데, 이 제품은 1리터가 넘는 대형 페트병 제품이다. 도수는 7%이며 주원료는 '보리길금, 사탕가루'로 표기되어 있다.

포장지에는 '민족의 향취', '각종 비타민이 풍부히 발효된 음료' 등의 선전문구가 있다. '흔들어 마시십시오'라는 안내문으로 봐서 막걸리를 흔든 후 마시는 건 남북한이 똑같은가 보다.

37 생맥주

생맥주

'경흥'이라는 브랜드의 〈축전경흥식료공장〉에서는 '생맥주'와 '은하수생맥주' 2종류를 생산한다. 'ISO 22000 식품안전관리체계인증'을 받았다는 이 맥주는 '시원하고 상쾌한 맛 그대로'라는 문구가 쓰여 있다. 주원료는 보리길금, 호프이며 보관기일은 1개월이다. 막걸리 보관기일이 2개월인점을 고려하면 오히려 맥주의 보관기일이 더 짧다. 알콜함유량은 3%로 표기되어 있다.

흑맥주

흑맥주 제품은 〈원산장원물자보장소〉, 〈송도원종합식료공장〉, 〈원산기초식품공장〉 등 3곳의 공장에서 생산한다. 알콜 함유량은 생맥주와 같이 3%와 4.5% 제품도 있다. 주원료는 '보리길금, 호프'등이다. 생산날자는 세 제품 모두 '병마개에 표기'라고 쓰여 있는데 페트병과 분리된 라벨만 주웠기 때문에 생산날자를 알 수 없다.

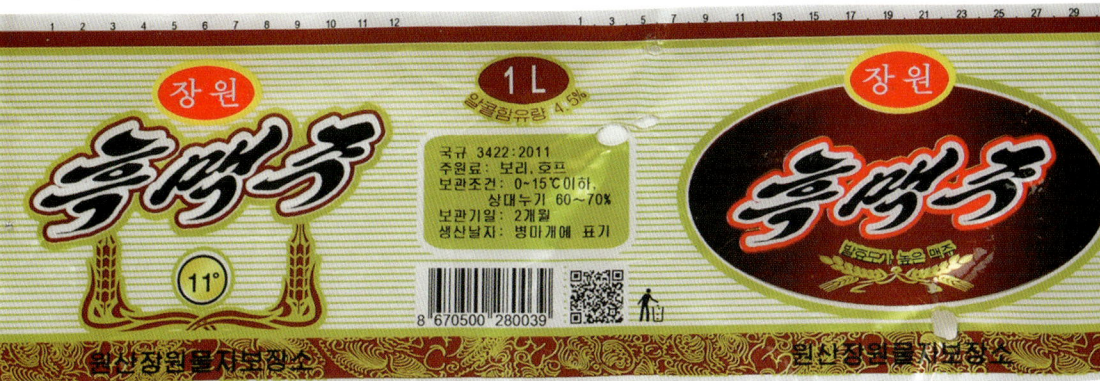

38 담배

북한에서 담배는 생존을 위한 필수품이다. 무슨일을 하던 반드시 담배 한막대기(한보루) 정도는 인사치레로 건네야 일을 해결할 수 있다. 필자는 북한담배 200여 종을 직접 입수해 〈북한 담배: 프로프간다와 브랜드의 변주곡〉(너나드리 출판사, 2018)라는 책을 발간한 적이 있다. 북한담배 브랜드는 상품선전뿐만 아니라 반드시 사상을 담고 있다.

이번에 서해5도에서 주운 북한 담배 포장지는 '백승', '고향', 'CRAVEN A(일명 고양이담배)' 등 세 종류다. 이 중에서 필자가 직접 구하기 어려워 〈북한 담배〉 책에 담지 못한 담배는 '백승'이다. 이 담배는 북한군에게 지급되는 보급품이기 때문에 판매용으로 유통되지 않는다. 담배 포장은 종이지만 겉면에 비닐로 재포장을 했기 때문에 물에 젖지 않고 해안가에 떠밀려 온 것으로 보인다.

〈고향〉

〈CRAVEN A〉(일명 고양이 담배)

백승: 북한군의 보급품

'백승' 담배는 〈회령대성담배공장〉에서 생산한 제품으로 북한 군인들에게 지급하는 보급품으로 알려져 있다. 군용 보급품이기 때문에 '백승'이라는 브랜드와 함께, 포장지에는 총과 미사일을 형상화한 조선인민군 표식이 그려져 있다. 〈회령대성담배공장〉에서는 군용이 아닌 일반용으로 '대성'이라는 브랜드의 담배를 생산하는데, 필자는 이 담배를 북중국경에서 직접 입수했다. 하지만 '백승' 담배는 군용 보급품이기 때문에 유통되지 않았는데 이번 조사에서 포장지만이라도 습득할 수 있었다.

'회령'은 김일성의 부인인 김정숙이 태어난 고향으로, 지난 2010년 12월 김정은은 회령시 현지지도 시 이 공장을 방문한 적이 있다. 지난 2014년 2월 15일자 로동신문은 "회령대성담배공장창립 50돐 기념보고회 진행"소식을 전하기도 했다.

EXHIBITION
08

의약품류

EXHIBITION 08
의약품류

서해5도 지역에서 습득한 의약품은 모두 15종으로 크게 '치료약', '링거', '주사바늘' 등 세 종류다. 이 중에서 치료약 공장은 〈류경제약소〉, 〈유아제약공장〉, 〈금강산제약공장〉, 〈조선태성무역회사〉로 '소화제'와 '간염알약', '아스피린', '구충알약', '기침방울알약', '디판 소화단알약(어린이용)', '독풀뿌리건위알약' 등을 생산하고 있다.

'링거' 제품은 〈유성제약공장〉과 〈정성제약종합공장〉에서 생산한다. '생리적식염수', '포도당주사약', '젖산링게르주사약' 등의 제품이 있다. 〈대동강주사기공장〉에서 생산한 주사바늘 제품은 포장이 뜯어지지 않은 완제품을 해안가 바위틈에서 주울 수 있었다.

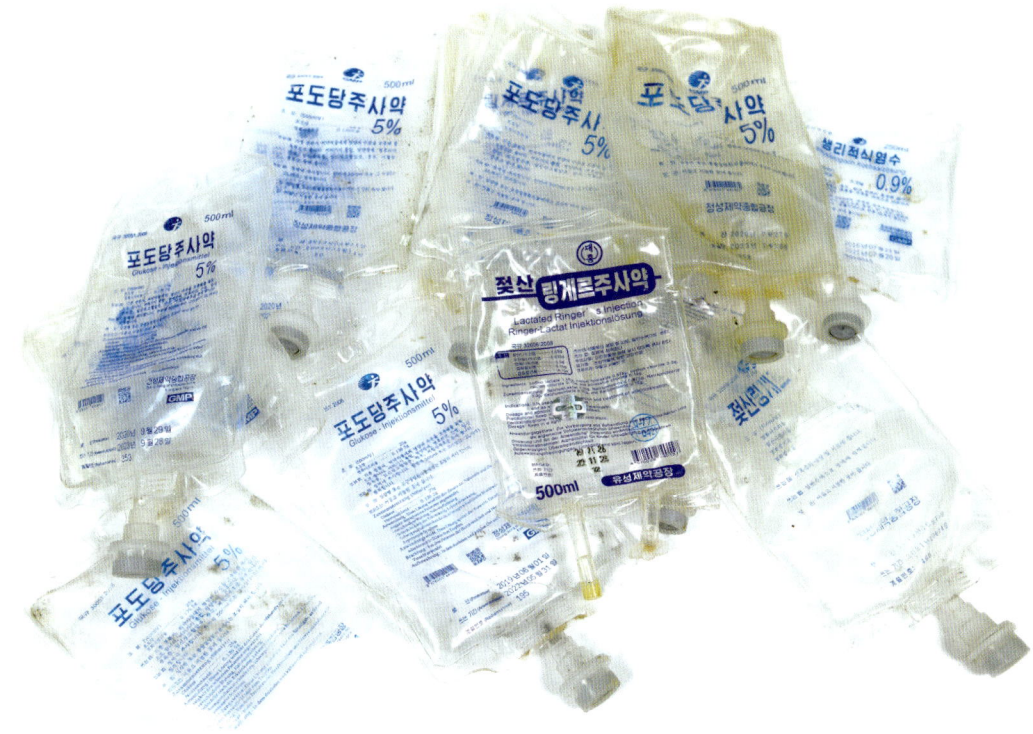

No.	품명	브랜드	브랜드	공장
1	치료약	귀비환	·	류경제약소
2		소체환	유아	유아제약공장
3		약누룩간염알약	·	·
4		장용아스피린알약	제일	금강산제약공장
5		아베르멕틴 구충알약 50알	태성	조선태성무역회사
6		도라지오미자기침 방울알약	·	정성제약종합공장
7		독풀뿌리 건위알약	·	·
8		디판 소화단알약(어린이용)	·	유아제약공장
9	주사바늘	주사바늘	대동강	대동강주사기공장
10	링거	젖산 링게르주사약	대흥	유성제약공장
11		생리적식염수 Physiologisch Kochsalzösung	·	정성제약종합공장
12		링게르주사약 Ringer - Injektionsmittel		Djong Song
13		포도당주사약 Glukose - Injektionsmittel		pharmazeutisxhe
14		포도당주사약		komplexe Fabrik
15		젖산링게르주사약		

39 링거

정성제약공장 링거

서해5도 지역에서 습득한 북한 의약품 중에는 유독 링거 주사약이 많았다. 특히 〈정성제약공장〉에서 생산한 '포도당 주사약', '생리적식염수' 등이 대표적이다. 특이한 건 링거약품은 생산날자가 2019년에서 2020년으로 표기되어 있어 비교적 최근까지 〈정성제약공장〉을 중심으로 링거 생산과 유통이 이루어진다는 점이다. 외래어 표기는 영문이 아니라 독일어로 표기한 것도 눈여겨 볼 대목이다.

> 계렬번호(Reihennahme) 생산(Produktion)
> 쓰는 기간(Anwendungszeit) 계렬번호(Reihennahme)

정성제약공장은 1995년 평양시 낙랑구역에 설립된 〈조선정성제약연구소〉를 시작으로, 한국의 대표적인 대북지원단체인 〈우리민족서로돕기운동〉의 대규모 지원을 통해 2005년부터 공장을 건설해 의약품을 생산하고 있다. 김정은은 2011년 2월, 2014년 11월, 2015년 10월 등 3차례에 걸쳐 이 공장을 현지지도했다.

2014년 11월 8일 로동신문 보도에 따르면 김정은은 "수액공장을 비롯해 전반적인 생산공정의 자동화, 무균화, 무진화가 높은 수준에서 실현됐다"며 "공장에서 생산한 모든 제품들이 세계보건기구가 규정한 의약품생산 및 품질관리기준에 도달한 것은 자랑할만 한 일"이라고 전했다.

이어서 2015년 10월 1일 로동신문은 김정은이 이 공장을 또 현지지도하면서 "정성제약종합공장에서 군인들과 인민들에게 절실히 필요한 의약품들을 생산하고 있다"면서 "가지수가 많고 효능도 높고, 공장제품에 대한 인민들의 반영이 좋다는데 기쁜 일이라 말했다"라고 전한다.

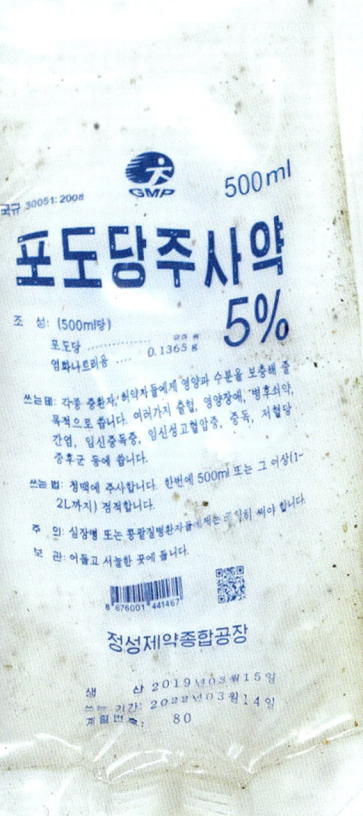
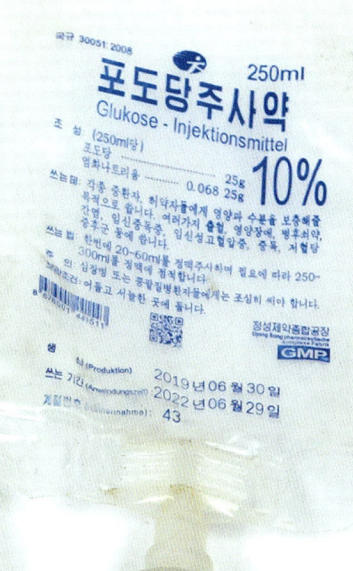
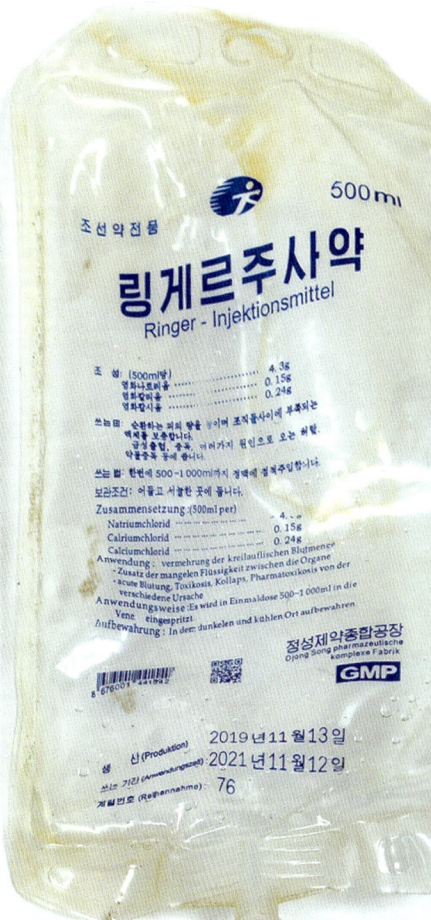
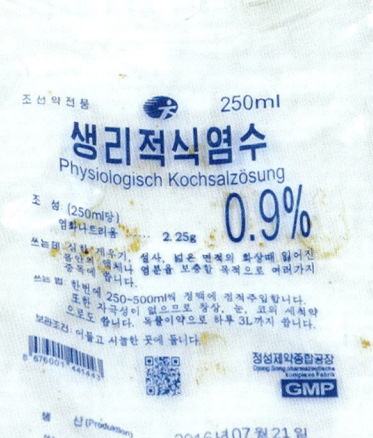
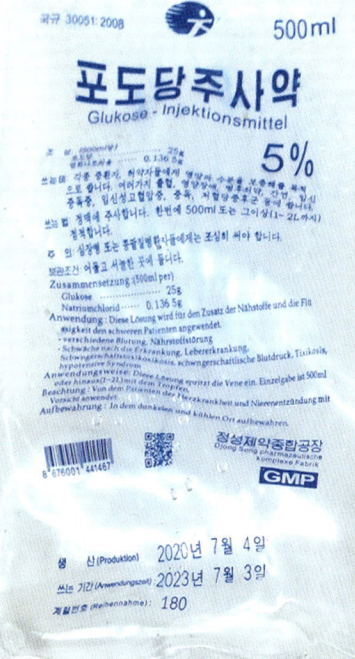

포장 용기에 표기된 내용을 그대로 옮기면 다음과 같다.

<생리적식염수>

쓰는데 심한 게우기, 설사, 넓은 면적의 화상때 잃어진 몸안의 액체나 염분을 보충할 목적으로 여러 가지 중독에 씁니다.

쓰는 법 한번에 250~500ml씩 정맥에 점적주입합니다. 또한 자극성이 없으므로 창상, 눈, 코의 세척약으로도 씁니다. 독풀이약으로 하루 3L까지 씁니다.

보관조건 어둡고 서늘한 곳에 둡니다.

<포도당주사약>

조성 (500ml당) 포도당 25g, 염화나트리움 0.1365g

쓰는데 각종 중환자 허약자들에게 영양과 수분을 보충해줄 목적으로 씁니다. 여러 가지 출혈, 영양장애, 병후쇠약, 간염, 임신중독증, 임신성고혈압증, 중독, 저혈당 증후군 등에 씁니다.

쓰는 법 정맥에 주사합니다. 한번에 500ml 또는 그 이상(1~2L까지) 점적합니다.

주의 심장병 또는 콩팥질병환자들에게는 조심히 써야 합니다.

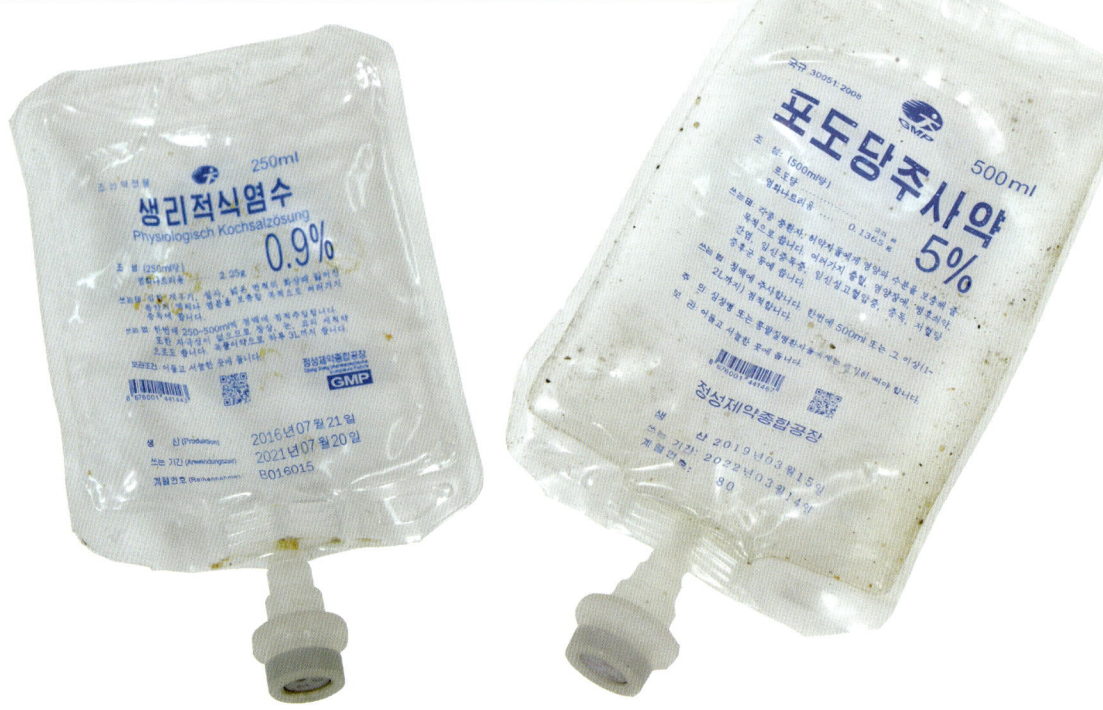

한편, 〈유성제약공장〉에서는 '대홍'이라는 브랜드로 젖산 링게르주사약을 생산하는데, 〈정성제약공장〉 제품과 비교했을 때 포장재질이 다소 질이 낮은 것으로 보인다.

젖산링게르주사약 링거와 포장지 내용

브랜드	품명	공장	국규	규격
대홍	젖산 링게르주사약	유성제약공장	32606:2008	500ml

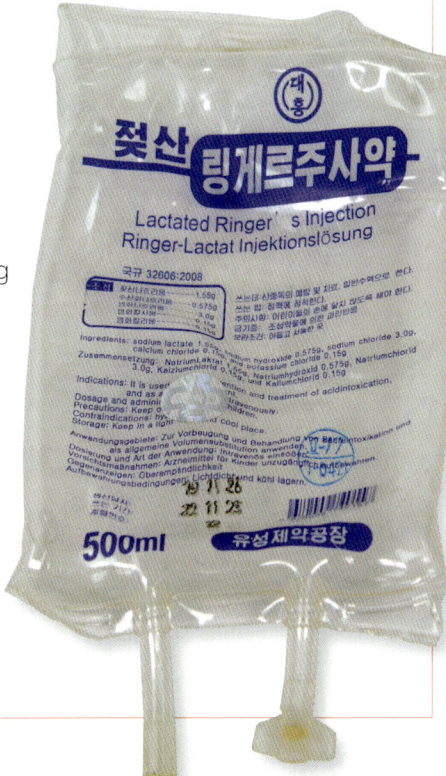

<포도당주사약>

Lactated Ringer's injection Ringer-Lactat Injektionslösung

- 쓰는데   산중독의 예방 및 치료, 일반수액으로 쓴다.
- 쓰는 법   정맥에 점적한다.
- 주의사항   어린이들의 손에 닿지 않도록 해야 한다.
- 금기증   조성약물에 의한 과민반응
- 보관조건   어둡고 서늘한 곳

Ingredients: sodium lactate 1.55g,
sodium hydroxide 0.575g,
sodium chioride 3.0g,
calciu chloride 0.15g,
and potassium chioride 0.15g

Zusammensetzung:
NatriumLaktat 1.55g,
Natriumhydroxid 0.575g,
Natriumchlorid 3.0g,
Kalziumchlorld 015g,
und Kaliumchlorid 0.15g

- 생산날자   19.11.26
- 쓰는기간   22.2225
- 계렬번호   12

치료제

40 약누룩간염알약

〈유아제약공장〉에서 생산한 '약누룩간염알약' 포장지에는 '3g×50알'이라는 용량 표기와 함께 간 모양이 디자인되어 있다. 한국 의약품과 표기법을 비교할 때 용법용량은 '쓰는 법', 효능효과는 '쓰는데', 성분은 '조성'으로 표기한다. 이 약은 '간염치료약으로 급성 및 만성간염, 간경변 등에 쓴다'고 표기되어 있다.

| 조성 | 흰삽주엑스, 약누룩가루, 생당쑥엑스, 룩반가루, 룡담엑스, 황금엑스, 택사가루, 감초엑스, 닭위속 껍질가루, 단삼가루, 강황엑스, 치자가루, 대황가루, 미나리엑스 |

구충알약

〈조선태성무역회사〉에서 생산한 '구충알약' 제품도 눈에 띈다. 〈아베르멕틴 구충알약〉이라고 쓴 이 약은 '장내기생충성질병에 쓴다'고 표기되었는데, 한 번에 2알씩 식후 2-3시간 지나서 하루 한 번 먹는다고 설명되어 있다.

● 아베르멕틴 구충알약 포장지

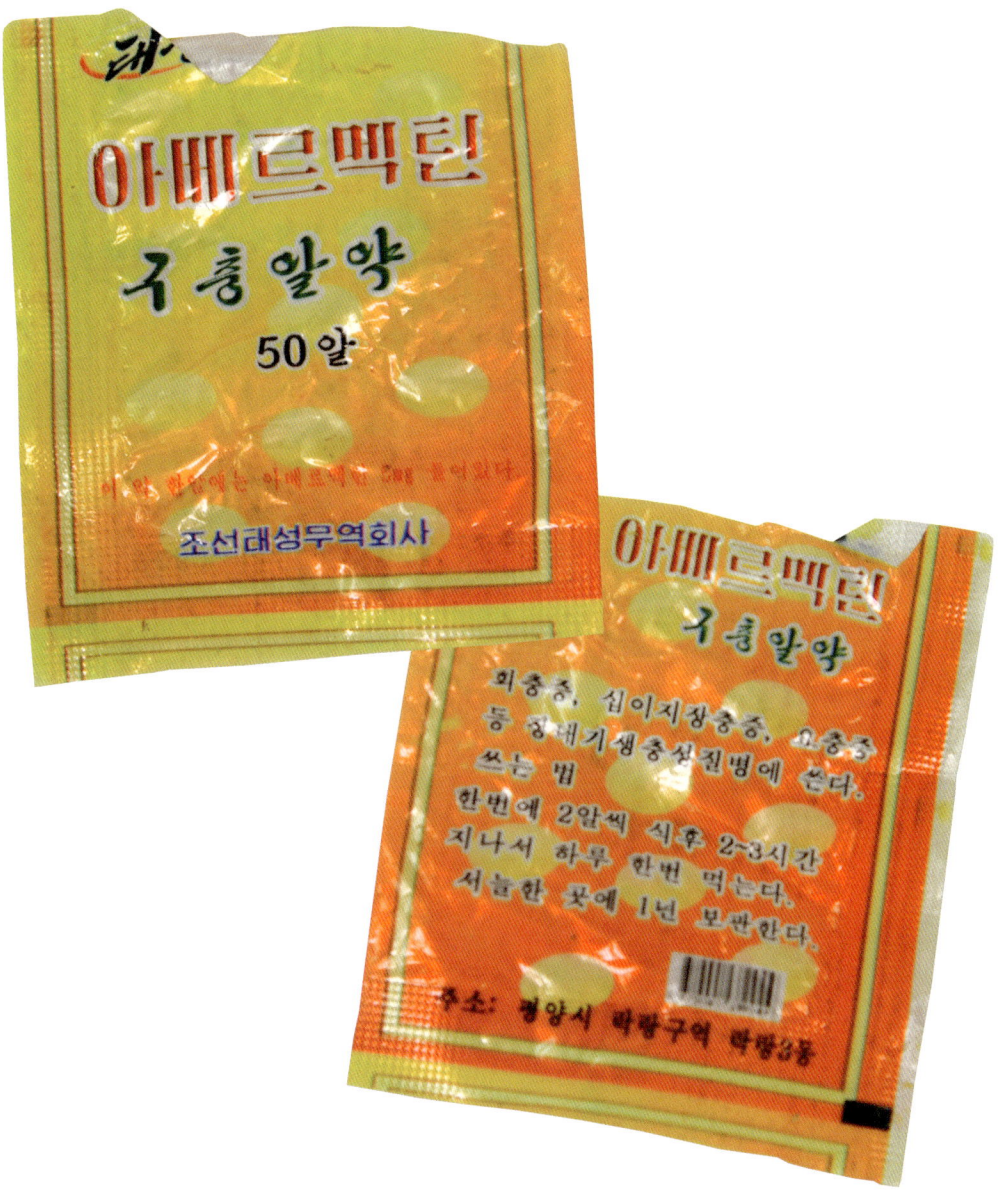

독풀뿌리 건위알약

〈금강산제약공장〉에서는 '독풀뿌리 건위알약'과 '장용아스피린알약'을 생산한다. '독풀뿌리 건위알약'은 위경련 및 동통, 위 및 십이지장궤양, 식체, 위산과다증에 쓴다고 표기되어 있으며, 생산 날짜가 2018년 4월 9일로 표기되어 있다. 제품명에 '독풀뿌리'라는 용어가 있는데 실제로 조성(주원료)에 '독풀뿌리엑스산'이 들어 있다.

디판 소화단알약(어린이용)

〈유아제약공장〉에서 생산된 '디판 소화단알약(어린이용)'은 각종 소화장애에 쓰는 약으로 표기되었는데, 3살 이하의 어린이와 4~5살, 그 이상 등으로 쓰는법을 구분해 놓은 게 특징이다. 또한 다른 제품과 달리 포장지에 영어와 독일어가 병기되어 있다.

조성 디아스타제 0.01g, 판크레아틴 0.01g, 보리길금 0.12g, 사탕 0.25g
쓰는데 만성위축성위염, 만성취장염, 만성간염, 설사증 등 각종 소화장애에 씁니다.
쓰는법 3살이하의 어린이는 1~2알, 4~5살은 3알, 그이상은 4~5알씩 하루 세 번 먹습니다.
보관조건 5~15℃의 어둡고 서늘한 곳
쓰는 기간 1년
계렬번호

귀비환과 소체환

〈류경제약소〉에서 생산한 '귀비환' 제품은 조선약전품으로 표기되어 있다. 효능(쓰는 데)을 보면 '보약, 진정약으로 가슴두근거림, 잠장애' 등이다.

조성	고려인삼가루, 메대추씨가루, 삽주가루, 당귀가루, 단너삼가루, 솔풍령가루, 원지가루, 목향뿌리가루, 감초가루, 대추, 룡안나무열매살, 마른생강가루, 꿀
쓰는데	보약, 진정약으로 가슴두근거림, 잘 놀라기, 잠장애, 건망증, 유정, 심장신경증, 신경쇠약, 출혈에 의한 빈혈, 백혈병, 특발성문맥압항진증에 씁니다.
쓰는 법	한번에 5~7알씩 하루 세 번 먹습니다.

유아제약공장의 '소체환' 제품은 소화제 계열의 의약품으로 보인다.

조성	삽주엑스, 목향, 귤껍질엑스, 향부자, 박하정유 등
쓰는데	급성위염, 만성위염, 소화불량에 씁니다.
쓰는법	하루 세 번, 한 번에 1알(3g)씩 식후에 먹습니다.

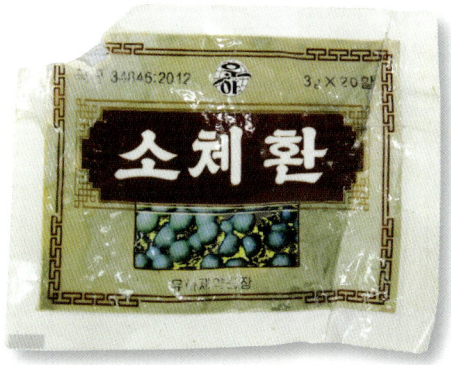
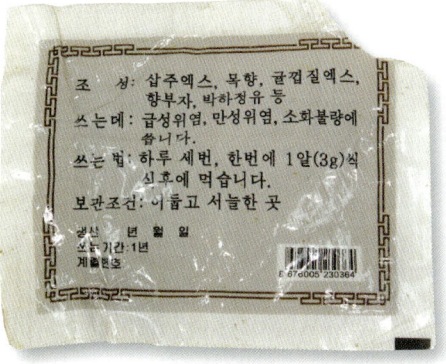

도라지오미자기침 방울알약

링거를 전문적으로 생산하는 〈정성제약종합공장〉에서 치료약인 '도라지오미자기침 방울알약'을 선보이고 있다. 포장지에는 '쓰는 법: 한번에 10알씩 하루 3번'으로 표기되어 있다.

주사바늘

대동강 주사바늘

'대동강'이라는 브랜드를 사용하는 〈대동강주사기공장〉에서 만든 '주사바늘' 제품이다. '모래사장에서 바늘찾기'라는 말처럼 이 제품은 해안가 자갈 틈 사이에서 발견했다. 서해5도지역 해안은 밀물과 썰물 때 전혀 다른 모습을 드러낸다. 같은 지역이라도 물때에 맞춰 하루에도 여러 번 나가보면 금세 해안가에 떠밀려 온 쓰레기가 넘쳐나는 때도 있다. 물이 들어오고 나간 라인에 맞춰 쓰레기가 쌓인다. '대동강주사바늘'을 주울 때가 바로 그러했다.

불과 하루 전에 이 해안가를 세 번이나 다니면서 샅샅이 살폈다. 그리고 다음날 새벽 물때에 맞춰 다시 이곳을 찾았을 때 이 제품을 주웠다. 간밤에 떠밀려 온 것이다. 1,000여 점이 넘는 북한 제품 포장지를 주웠는데, 그 중에서 이 주사바늘을 주웠을 때가 가장 기쁘고 가슴 벅찬 순간이었다. 아무도 없는 해안가에서 두 팔을 높이 들고 홀로 환호성을 질렀던 모습이 지금도 눈에 선하다.

브랜드	품명	공장	국규	규격
대동강	주사바늘	대동강주사기공장	3964-2:2003	23G X 1 1/4˚ 0.60 X 30mm

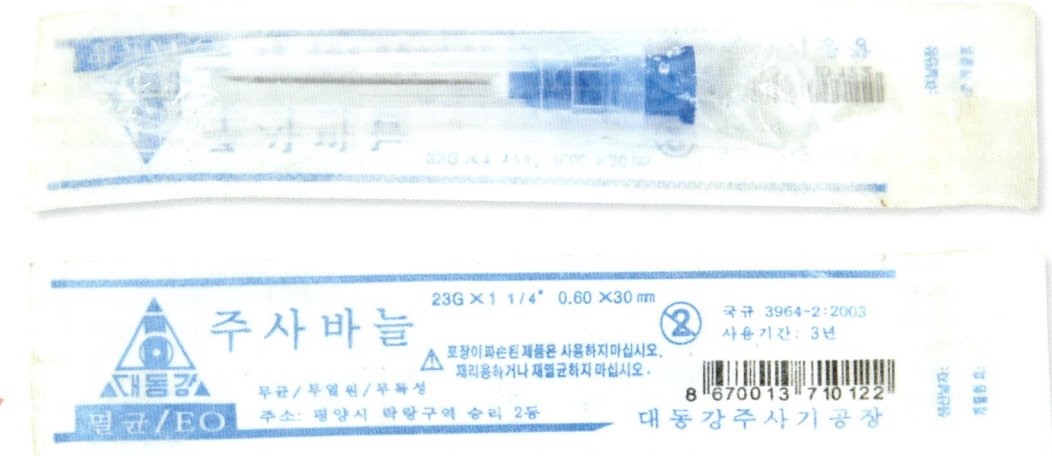

멸균/EO

국규   3964-2:2003

사용기간 3년

무균 / 무열원 / 무독성

주소   평양시 락랑구역 승리 2동

포장이 파손된 제품은 사용하지마십시오.
재리용하거나 재멸균하지 마십시오.

EXHIBITION
09

잡화류

No. 품명	브랜드
물수건	옥류벽건강식품공장, 전진식료가공사업소, 평양철봉수출품생산사업소, 항공운수영업봉사소
생리대	정흥합작회사, 정백종이생산사업소, 련흥무역회사
화장품	신의주화장품공장, 평양화장품공장
샴푸	룡악산비누공장, 대동강과일종합가공공장
세수비누	봉학신봉일용품공장, 경림식료일용가공사업소, 승전무역회사, 56무역총회사, 봉화비누공장, 평양화장품공장, 신의주화장품공장
치솔	평양일용품공장
치약	신의주화장품공장, 평양치과위생용품공장, 평양화장품공장, 조선어린이후원협회, 영제수출품생산사업소, 백은무역회사, 전진대륜기술교류사, 경수봉무역회사
세탁세재	철건무역회사, 화성수출품가공사업소, 봉화비누공장
그릇세척제	룡악산비누공장
원주필(볼펜)	.
칠감(페인트)	.
살충제	.

EXHIBITION 09
잡화류

잡화류는 '물수건', '생리대', '화장품' 등의 위생용품과 '샴푸', '세수비누', '치솔', '치약' 종류의 욕실용품 그리고 '세탁세제', '그릇세척제', '원주필(볼펜)', '칠감(페인트)', '살충제' 등의 제품이다.

42 물수건

서해5도 지역에서 습득한 물수건 포장지는 4종류다. 제품 포장지에는 똑같이 '소독용'을 강조하는 문구가 들어 있다. '옥류벽' 브랜드의 〈옥류벽건강식품공장〉, '새시대' 브랜드의 〈전진식료가공사업소〉, '옹달샘' 브랜드의 〈평양철봉수출품생산사업소〉, '고려항공' 브랜드의 〈항공운수영업봉사소〉로 공장주소는 대부분 평양시로 표기되어 있다.

No.	품명	브랜드	공장	공장주소	공장전화번호
1	소독용 물수건	옥류벽	옥류벽건강식품공장	평양시 평천구역 륙교1동	·
2	은행잎소독용 물수건	새시대	전진식료가공사업소	평양시 락랑구역 전진동	02-973-2301
3	향나무소독용 물수건	옹달샘	평양철봉수출품생산사업소	평양시 락랑구역 랭천1동	02-636-4074 / 02-636-3764
4	소독용 물수건	고려항공	항공운수영업봉사소	·	·

'새시대' 브랜드: 천연기능성물질 은행잎엑스

〈전진식료가공사업소〉에서 생산한 소독용물수건은 '새시대'라는 브랜드를 사용한다. '천연기능성물질인 은행잎엑스를 첨가하여 만든 제품으로서 향균작용뿐아니라 피부보호에도 효과가 있습니다.'라는 안내문구가 표기되어 있다. 살균작용 및 피부보호 뿐만 아니라 미백효과도 있다고 선전한다.

다기능성 소독용물수건
살균작용 및 피부보호
기능성 천연제품
살균작용 및 피부보호, 미백효과

고려항공에서 만드는 보건의료용품

　제품 포장지 앞면에 '고려항공 AIR KORYO'라고 쓴 이 제품은 〈항공운수영업봉사소〉에서 생산했다. '이 제품은 보건의료용품으로서 손을 비롯한 피부 또는 상처부위소독에 씁니다. 그밖에 가정용품이나 사무용품소독에 씁니다.' 라고 표기되어 있다. 국규가 아닌 '의료기구부규 490:2014'로 표시되어 있다.

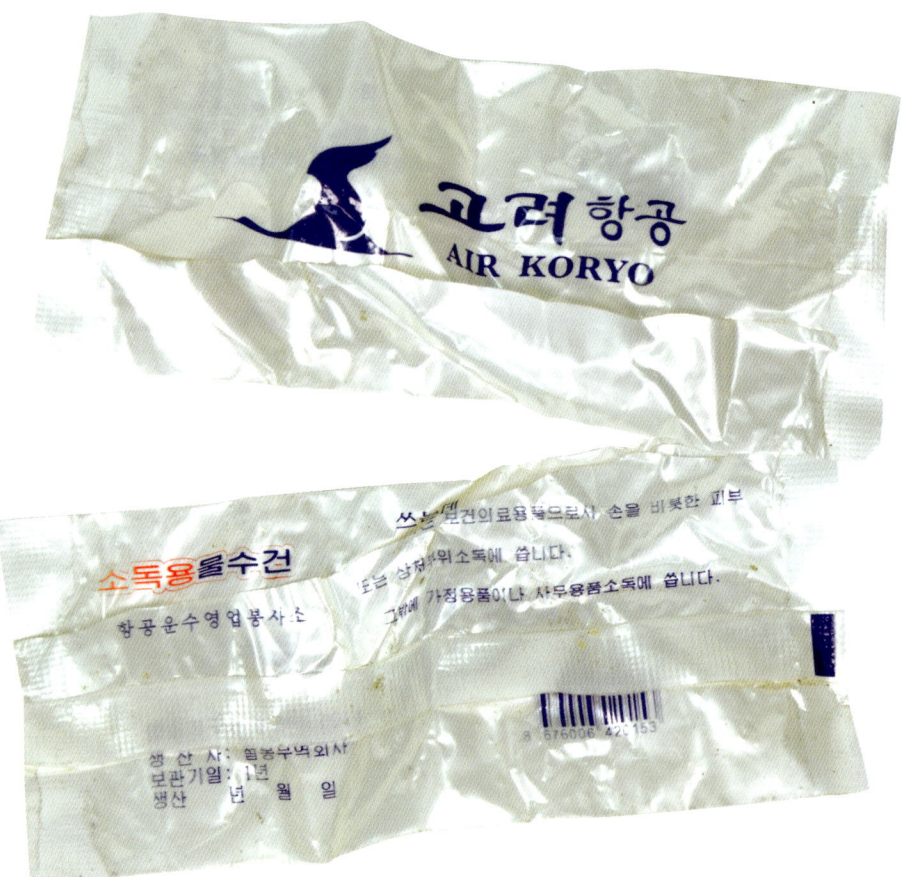

식사전후 사용하는 물수건

옥류벽 브랜드의 〈옥류건강식품공장〉에서 생산한 소독용물수건은 식사전후 사용하는 물수건임을 강조한다.

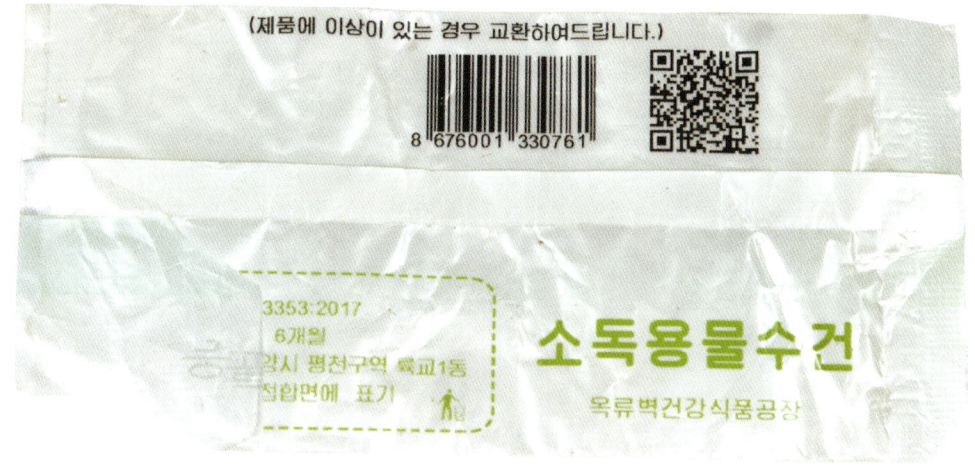

향나무 소독용물수건: 깨끗함과 부드러움으로

〈평양철봉수출품생산사업소〉에서 생산한 '향나무 소독용물수건'의 브랜드는 '옹달샘'이다. 앞서 은행잎엑스를 첨가한 제품도 있었는데, 이 제품은 '향나무우린물'과 '피부보호제'를 주요성분으로 한다고 쓰여 있다. 국가규격화 때문인지 이 제품 포장지 뒷면에는 치수가 표기되어 있다.

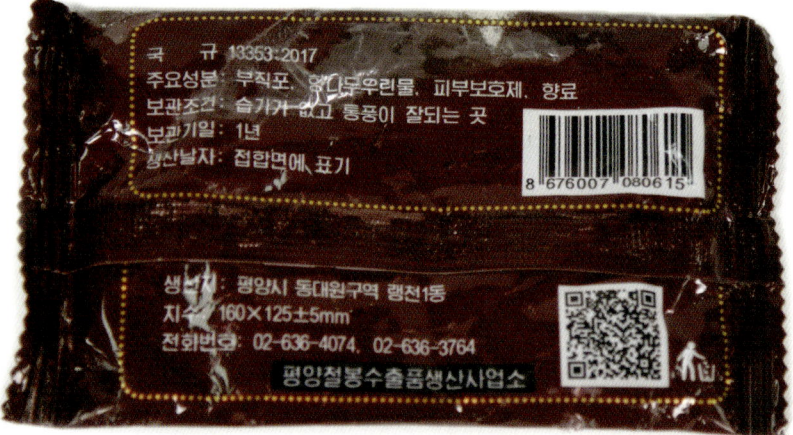

43 생리대

서해5도 지역에서 습득한 생리대 포장지는 4종류다. 〈정백종이생산사업소〉에서 '고고성'을, 〈정흥합작회사〉에서는 '백화' 그리고 공장명은 알 수 없지만 '대동강'이라는 브랜드인데, 세 개 제품 모두 '봉선화'라는 품명은 똑같다. 포장지가 훼손되어 정확히 알 수 없지만 〈년흥무역회사〉에서 생산한 제품은 '설화'라는 브랜드를 사용한다. 주성분에 '고분자흡수제 첨가'와 '유통기한 3년'은 네 개 제품의 공통점이다.

No.	품 명	브랜드	공장	공장주소	공장전화번호
1	봉선화	고고성	정백종이생산사업소	평양시 락랑구역 정백1동	02-932-2466
2	봉선화	백화	정흥합작회사	·	02-435-1757
3	봉선화	대동강	·	·	·
4	·	설화	년흥무역회사	·	·

효능만 보면 세계적인 발명품?

생리대 제품 포장지에는 '부인병치료에 특효가 있으며, 월경통이 있는 녀성들의 아픔을 한층 덜어준다'는 내용의 설명서가 있다. 한국산 생리대 제품도 이같은 치료 효과가 있는지 궁금하다. 포장지에 표기된 설명서를 자세히 읽어보면 "추운 겨울에는 포근감을 주고, 무더운 여름에는 부패현상을 막아주며, 녀성들의 질병을 예방하고 월경통의 아픔을 덜어주며, 강한 흡수력을 발휘한다"는 내용이다.

만약 설명서대로의 효능이라면 세계 모든 여성의 고민을 단번에 해결해 줄 획기적인 발명품이 아닐까 싶다. 말그대로 '혁명의 한쪽 수레바퀴'라는 여성의 인권과 성(性)을 보장해주는 사회주의 지상낙원이 아닐 수 없다. 그런데 정작 북한여성들은 왜 자신들의 삶이 세상에서 가장 비참하다고 말할까?

브랜드	품명	공장	국규	규격
고고성	봉선화	정백종이생산사업소	10705:2009	265mm 10개

국규 10705:2009
쓰는 방법 개별포장 끝에 있는 봉인을 떼고 접착풀띠를 벗겨낸 다음 속옷에 고정하십시오
보관기일 3년
생산지 평양시 락랑구역 정백1동
전화번호 02-932-2466
생산 년 월 일

설명서
1. 추운 겨울에는 열을 내주어 언제나 포근한 감을 주게 합니다.
2. 무더운 여름에는 온갖 잡균을 잡아주어 부패현상을 막아줍니다.
3. 녀성들의 질병들을 예방하여 주며 부인병치료에 특효가 있습니다.
4. 월경통이 있는 녀성들의 아픔을 한층 덜어줍니다.
5. 고분자흡수제를 첨가하여 강한 흡착과 흡수력을 발휘합니다.

주의 멸균 및 위생처리된 제품이므로 사용하지 않는 경우 속포장을 벗기여 오염시키지 마십시오.
사용후 수세식변기에 버리지 마십시오.

멸균처리와 고분자 흡수제

'백학'이라는 브랜드를 사용하는 〈정흥합작회사〉의 생리대 제품은 멸균처리와 고분자 흡수를 강조한다. 포장지에는 별도의 캐릭터를 디자인하고 〈멸균처리: 생산과정에 3차례 걸쳐 멸균 및 위생처리 100%, 고분자: 고분자흡수제 첨가, 강한 분비물 흡수력〉이라고 되어 있다.

브랜드	품명	공장	국규	규격
백화	봉선화	정흥합작회사	10705:2009	10개

* 옆면
주의   멸균 및 위생처리된 제품이므로 사용하지 않는 경우
           속포장을 벗기여 오염시키지 마십시오.

* 앞면
국규   10705:2009
보관기일   3년
생산자   정흥합작회사
전화번호   02-435-1757
생산   년   월   일
설명서   봉지를 개봉한 후 속포장을 벗겨내여 속옷에 고정하십시오.
            속옷에 붙인 후 날개면을 돌려감아 고정시키십시오.

* 뒷면
물에 풀리지 않으므로 수세식 변기에 버리지 마십시오.
멸균처리   생산과정에 3차례 걸쳐 멸균 및 위생처리 100%
            고분자흡수제 첨가, 강한 분비물 흡수력
            흡수력을 높이고 부인병치료약제를 비롯한
            첨가제품이 최대의 효률을 내도록 하였습니다.

봉선화

정흥합작회사

생산과정에 3차례 걸쳐 멸균 및 위생처리 100%

고분자흡수제 첨가, 강한 분비물 흡수력

'류출방지선'과 '방수지'

'대동강' 브랜드의 생리대 제품 포장지는 훼손이 많이 되어 안내문을 명확히 파악하기 어렵다. 식별이 가능한 내용만 보면 제품의 효능을 강조하는 문구가 눈에 띄는데, 천연풀을 이용한 점 그리고 '류출방지선'으로 활동의 편의성을 '방수지'로 위생성 등을 강조한다.

브랜드	품명	공장	국규	규격
대동강	봉선화	·	·	240mm

* 옆면

종류 낮 밤 ---

크기 240mm 280mm 155mm

흡수력이 강하고 ―있으며 공기통풍이 잘되여 부드럽고 산뜻한 느낌을 줍니다.

날개로 고정하여 --- 편리하며 항균능력이 높아 위생성이 담보됩니다.

보관조건: 건조하고 --- 보관기일: 3년

생산날자: 접합면에 --- 전화번호: ----

------

* 뒷면

천연풀을 리용한 제품은 사용시 접착이 잘되여

  --- 손상을 주지 않습니다.

류출방지선은 액체가 측면으로 새여나가는

  --- 활동의 편리성을 보장합니다.

제품밑면의 방수지는 액체가

  --- 언제나 위생성과 통풍을 ----

친절한 설화씨?

〈년흥무역회사〉에서 만든 '설화' 브랜드의 생리대 제품은 포장지의 훼손이 심해 정보를 파악하기 어렵다. 다만, 포장지 앞면에 제품 모양을 그려넣고 1번부터 4번까지 번호를 써놓았다. 그리고 훼손된 부분은 번호별 설명을 자세하게 쓴 것으로 보인다.

2장 북한상품 현실 읽기

44 화장품

북한 화장품 브랜드는 〈봄향기〉, 〈은하수〉, 〈너와나〉, 〈옥류〉, 〈미래〉 등이다. 신의주화장품공장은 1949년 설립된 북한 최초의 화장품 생산공장이다. 현재 '봄향기', '금강산' 등의 브랜드 화장품을 생산하고 있으며, 고려인삼 성분을 추출해 보습과 미백, 노화방지기능을 갖춘 기능성 제품을 위주로 출시하고 있다. 연간 화장품 1,200만 개, 비누 6,000톤 정도 생산이 가능하다. 치약은 '백학' 상표를 사용하고 있다.

1962년에 준공된 평양화장품공장은 비누와 치약을 생산하는 공장에서 시작해 최근 10여 종의 60여 개 화장품을 생산하는 공장으로 발전하였다. 연간 화장품 1,500만 개, 화장품 용기 1,000만 개 정도 생산이 가능하다고 한다. 현재 '은하수' 브랜드의 화장품을 생산하고 있으며, '천연살물결', '물크림', '샴푸린스', '비누' 등 다양한 제품을 선보이고 있다. 크림의 종류가 물크림과 인삼크림, 약크림 등으로 구분되는 게 특징이다.

필자는 그동안 북중국경지역을 오가면서 북한 화장품 수 백여 종을 입수했다. 그중에는 한화로 30만 원 정도의 고가 제품으로 미백영양물, 크림 등의 8종류가 들어 있는 세트제품도 있다. 내용물은 차치하더라도 병재질의 고급스러운 화장품 용기로 구성된 선물용까지 종류가 다양하다. 그런데 서해5도 지역에서 주운 화장품 포장용기는 다른 제품과 비교할 때 그 수량도 많지 않고, 대부분 튜브 형태의 제품이다.

이 지역에서 주운 화장품 포장 용기는 모두 6종류이며, 크게 크림과 살결물로 구분된다. 공장은 주로 〈신의주화장품공장〉과 〈평양화장품공장〉이다.

No.	품명	브랜드	공장
1	크림	은하수	평양화장품공장
2	물크림	봄향기	신의주화장품공장
3	인삼크림	·	·
4	살결물	·	·
5	약크림	·	·
6	개성고려인삼	·	·

인삼추출물 화장품: 피부보호와 로화방지에 특효?

〈신의주화장품공장〉에서 생산한 '개성고려인삼' 제품은 '국규 10901과 화장품생산 및 품질관리체계인증을 받았다고' 쓰여있다. 주원료는 인삼추출물과 향료인데 무엇보다 효능을 강조한다.

> **<개성고려인삼 화장품>**
>
> **효 능** 피부생리에 구별없는 사용안전성을 가지며 특히 정상피부(중성피부)를 그대로 보존할수 있게 합니다. 영양과 보습을 기본으로 유연하면서도 산뜻한 피부로 만들어 줍니다. 여름철에 연한 화장을 할 때 크림을 대용 할수 있습니다.
>
> **사용법** 살결물을 바른 후 적당한 량을 취하여 로출된 부위에 발라줍니다.

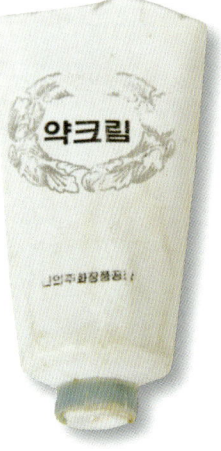

> **<약크림>**
>
> **효 능** 이 크림은 자외선, 바람 등 자연환경으로부터 피부를 보호하고 로화를 방지하며 피부의 수분균형을 알맞게 하면서도 영향을 부여함으로써 살갗을 부드럽고 유연하게 하여줍니다.

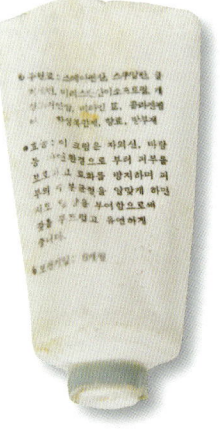

알로에 추출물 화장품: 탄력있는 피부

〈평양화장품공장〉에서 생산한 '은하수'브랜드의 크림 제품은 〈신의주화장품공장〉 제품과 마찬가지로 '국규 12493:2009 화장품 GMP인증을 받았다'고 쓰여 있다. 알로에 추출물이 첨가되어 '피부를 부드럽고 촉촉하게 하여 주며 보다 젊고 탄력 있게 하여줍니다'라고 표기했다.

주요성분은 한눈에 알아보기 힘들 만큼 많다.

성분	알로에추출물, 미리스틴산이소프로필, 프로필렌글리콜, 스쿠알란, 글리세린, 세테아릴알콜, 옥틸도데키놀, 류돔파라핀, 스테아린산, 스테아린산글리세릴, 올리브기름, 아보카도기름, 인삼추출물, 부릴파라벤, 에틸파라벤, 초산토코페릴, 히알루론산나트리움, 레몬산나트리움, 황상형향

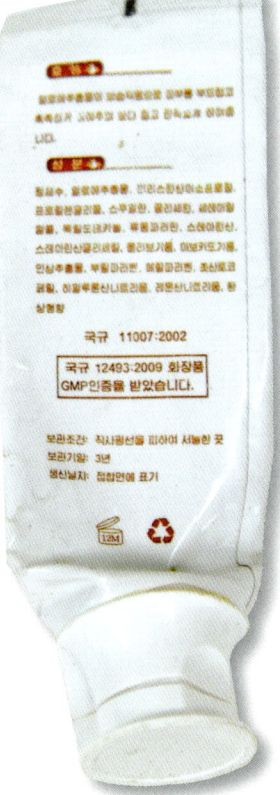

45 샴푸

샴푸는 2종류의 제품을 수거했다. '대동강'이라는 브랜드의 〈대동강과일종합가공공장〉제품과 '룡악산' 브랜드의 〈룡악산비누공장〉에서 생산한 제품이다.

No.	품 명	브랜드	공 장	공장주소	공장전화번호
1	사과향 샴푸	대동강	대동강과일 종합가공공장	평양시 삼석구역 도덕리	02-***-0181,1154
2	샴푸	룡악산	룡악산비누공장	.	.

과일공장에서 샴푸를 만든다?

〈대동강과일종합가공공장〉에서 생산한 '사과향 샴푸'의 특성을 보면 "대동강과수종합농장에서 생산한 사과에서 추출한 향과 사과속에 들어있는 수십가지의 **기능성물질들을 넣어 만든 머릿결세척 및 보호***입니다"라는 문구가 표기되어 있다. 사과농장에서 직접 생산한 사과를 원료로 샴푸를 만들었다는 내용이다.

또한 "최첨단 물정제 기술을 도입하여 생산한 사과 샴푸는 비듬, 머리 피부 가려움증을 없애며 머리 피부에 대한 자극이 없고 머리칼 세척 효과가 좋습니다"라고 선전한다.

사용방법은 "머리칼을 물에 적시고 10g정도 머릿결에 비벼 거품을 일근후 맑은 물로 여러번 씻어주십시오"라는 설명이다.

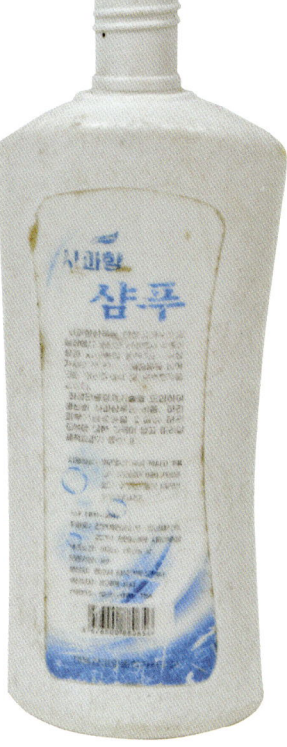

46 세수비누

서해5도 지역에서 수거한 세수비누 포장지는 모두 15종류다. 〈봉학신봉일용품공장〉, 〈경림식료일용가공사업소〉, 〈승전무역회사〉, 〈56무역총회사〉, 〈봉화비누공장〉, 〈평양화장품공장〉, 〈신의주화장품공장〉 등 7개 공장에서 생산하고 있다. 주원료로 모든 제품에 똑같이 '종려기름, 야자기름, 향료'를 사용하며 각각의 상품 특성에 따라 별도의 원료가 첨가된다.

No.	품 명	브랜드	공 장	공장주소	공장전화번호
1	세수비누(알로에)	신봉	봉학신봉일용품공장	평양시 평천구역 봉학동	02-478-1674
2	레몬향 세수비누	·	·	·	02-437-4858
3	꽃향 세수비누	꽃잎	경림식료일용가공사업소	평양시 평천구역 평천1동	·
4	과일향 세수비누	·	·	·	·
5	음이온 세수비누	승진	승전무역회사	·	·
6	나노은 세수비누	·	·	·	·
7	세수비누	·	56무역총회사	·	·
8	세수비누	봉화비누	봉화비누공장	락랑구역 승리2동	·
9	금강약돌	·	·	·	·
10	참숯비누	·	·	·	·
11	세수비누(붉은색)	은하수	평양화장품공장	·	·
12	세수비누(파란색)	·	·	·	·
13	세수비누(60g)	봄향기	신의주화장품공장	·	·
14	세수비누(100g)	·	·	·	·
15	세수비누(120g)	·	·	·	·

음이온, 나노은 세수비누(?): 승전무역회사

'승전'이라는 브랜드를 사용하는 〈승전무역회사〉에서는 '음이온 세수비누'와 '나노은 세수비누'를 생산한다. "강력한 살균작용"과 "피부악취제거"라는 효능을 선전한다. 100%식물성분을 강조하는데 주원료를 보면 두 제품 모두 〈종려기름, 야자기름, 향료〉는 동일하며 음이온 세수비누는 고순도전기석을, 나노은 세수비누는 나노은이 각각 첨가되어 있다.

음이온 세수비누

나노은 세수비누

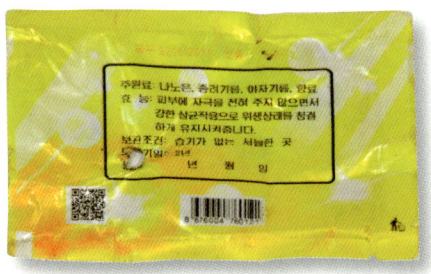

피부세척용(?)세수비누: 봉화비누공장의 기능성 제품들

〈봉화비누공장〉에서는 레몬향세수비누, 금강약돌세수비누 등 기능성 제품을 생산한다. 흥미로운 건 효능을 강조하는 선전문구 부분이다. 레몬향세수비누에 표기된 선전문구를 보면 앞면에는 "독특한 레몬향이 오래 지속된다"는 내용이고, 뒷면에는 "피부속 오염물질을 깨끗이 제거하여 두텁게 하였던 화장도 말끔히 지울수 있는 피부세척용"이라는 표현이 눈에 띈다.

앞면
미안비누, 풍부한 비타민 함유, 독특한 레몬향이 오래 지속되여 싱그러운 느낌을주는 레몬향세수비누입니다.

뒷면
부드러운 거품이 빨리 일어나며 피부속오염물질을 깨끗이 제거하여 두텁게 하였던 화장도 말끔히 지울수 있는 피부세척용세수비누입니다.

참숯비누 역시 주요 효능을 강조한다. 특히 다른 제품과 달리 사용방법이 표기되어 있는데 "비누를 온몸에 골고루 묻히고 3~5분동안 마싸지한 후 한 증을 하고 가볍게 밀어주면 됩니다"라고 표기되어 있다. 주요성분은 종려기름과 야자기름, 향료는 다른 제품과 동일하며, 제품의 고유한 특성을 위해 참숯분말, 참나무목초액, 솔잎추출액 등이 들어 있다.

주요효능
이 비누는 참나무의 높은 향균작용과 참숯의 흡착성, 솔잎추출액의 냄새제거능력, 피부연화작용을 리용한 기능성비누로서 각종 피부병예방 및 치료에 특효가 있습니다. 피부속 깊숙이 있는 로페물과 로화된 각질을 제거해주며 몸냄새를 없애줌으로써 피부를 항상 깨끗하고 부드럽게 가꾸어줍니다.

'꽃잎' 브랜드를 사용하는 경림식료일용가공사업소

〈경림식료일용가공사업소〉에서 생산하는 세수비누는 "꽃잎"이라는 브랜드를 사용하면서 '꽃향'과 '과일향' 제품을 생산한다. 대부분 세수비누 제품에 향료가 공통적인 주요성분으로 들어가는데 이 제품들은 꽃향기를 유독 강조하며 찬물에서도 쓰기 좋다는 점을 선전한다.

> "종려기름, 야자기름, 종려씨기름과 꽃향료를 첨가시켜 만든 비누로서 향기롭고 그윽한 꽃향기와 함께 세척이 잘 되고 거품이 잘 일며 피부를 부드럽게 하고 찬물에서도 쓰기 좋습니다."

은하수: 혈액순환촉진작용 세수비누

〈평양화장품공장〉에서 생산하는 세수비누는 화장품과 동일하게 '은하수'라는 브랜드를 사용한다. 같은 공장 제품에서도 제품의 특성에 따라 품질의 차이가 있다는 건 당연하다. 〈평양화장품공장〉의 두 제품을 비교하면 이 점이 명확히 드러난다. 붉은색 포장지의 세수비누는 우수한 세척작용과 로폐물 제거는 다른 제품과 같은 효능인데, 이 비누는 특이하게 '혈액순환촉진작용이 뚜렷한 제품'임을 강조한다. 이에 반해 파랑색 포장지의 비누는 포장지 재질을 비교할 때 상대적으로 얇고, 효능을 별도로 표시하지 않았다.

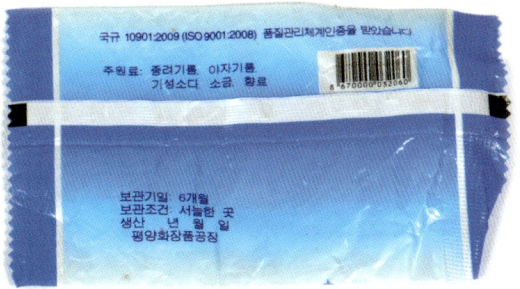
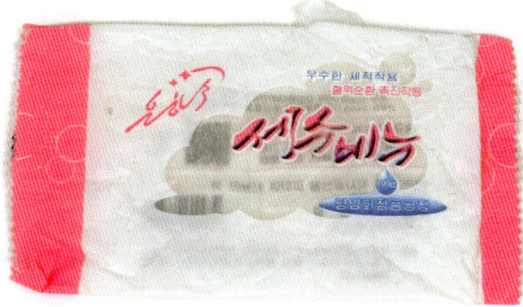
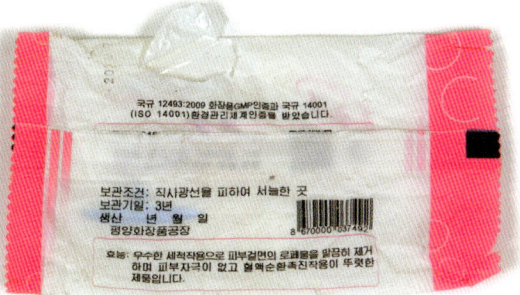

봄향기: 화장품이 시그니처 상품?

〈신의주화장품공장〉에서 생산하는 비누는 15종류의 비누 포장지 가운데 가장 품질이 낮은 것으로 보인다. 봄향기라는 브랜드로 북한의 대표적인 화장품 생산공장으로 유명한데 비누만큼은 주력 상품이 아닌지 다른 공장 제품과 비교할 때 최소한 포장지에서 만큼은 아주 품질이 낮은 것으로 보인다. 별도의 디자인이나 색상 요소가 없으며 가벼운 충격에도 금방 찢어지는 얇은 비닐 재질이다. 단, 다른 제품과 달리 용량의 차이에 따라 각각 60g, 100g, 120g 등으로 차별화를 두었다.

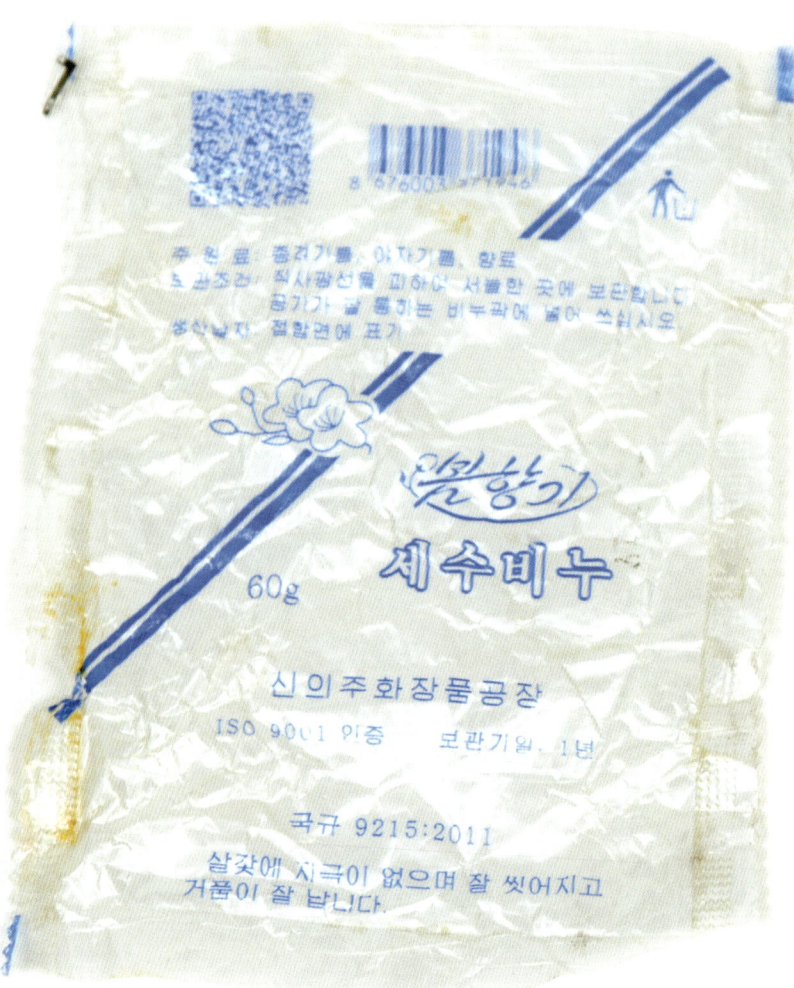

56총무역회사: 주원료는 소금과 가성소다

통전부 산하 기관으로 알려진 〈56총무역회사〉에서 생산한 세수비누는 다른 제품과 달리 주원료로 소금과 가성소다를 사용한다.

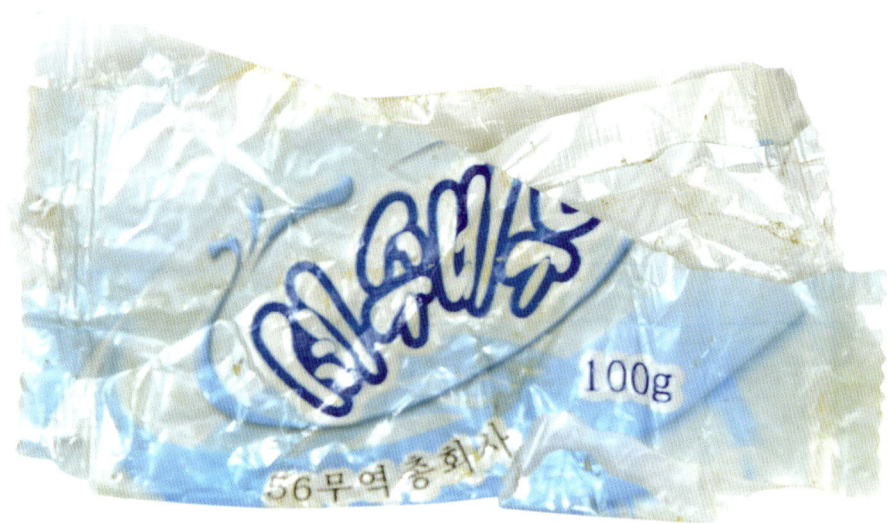

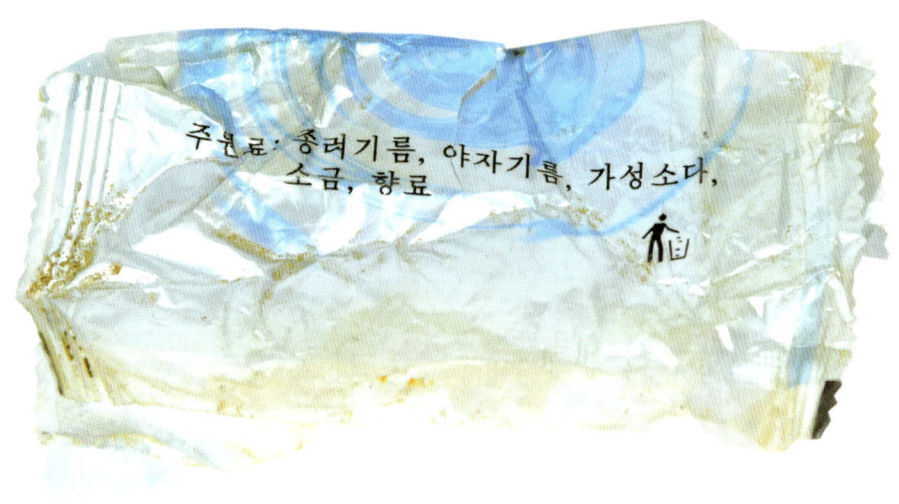

치솔

조총련 기관지인 〈조선신보〉는 지난 2011년 7월 14일 〈평양일용품공장〉에서 '서리꽃' 치솔을 대량으로 생산한다고 소개했다. 대량생산을 시작한 '서리꽃' 치솔은 소비자들이 솔의 세기 차이를 한눈에 알 수 있도록 센 치솔에는 빨간색 솔, 조금 센 치솔에는 녹색이나 청색 솔로 구분해 판매한다고 전했다.

최근 로동신문 기사(2021년 3월 15일자)를 보면 〈평양일용품공장〉을 '본보기공장'으로 앞세우고 있다. 기사에 따르면 "평양일용품공장은 원료, 자재가 부족한 상황에서도 생산을 늘리기 위해 노력하는 반면 일부 공장은 인민소비품 생산에서 뚜렷한 실적을 내지 못한다"는 것이다.

이번 조사에서 주운 서리꽃 치솔은 모두 11종으로 빨간색 5종과 파랑색 5종 그리고 노란색 1종이다. 별도의 포장지 없이 치솔에 '서리꽃'이라고만 새겨져 있기에 구체적인 상품 정보를 파악하기는 어렵다.

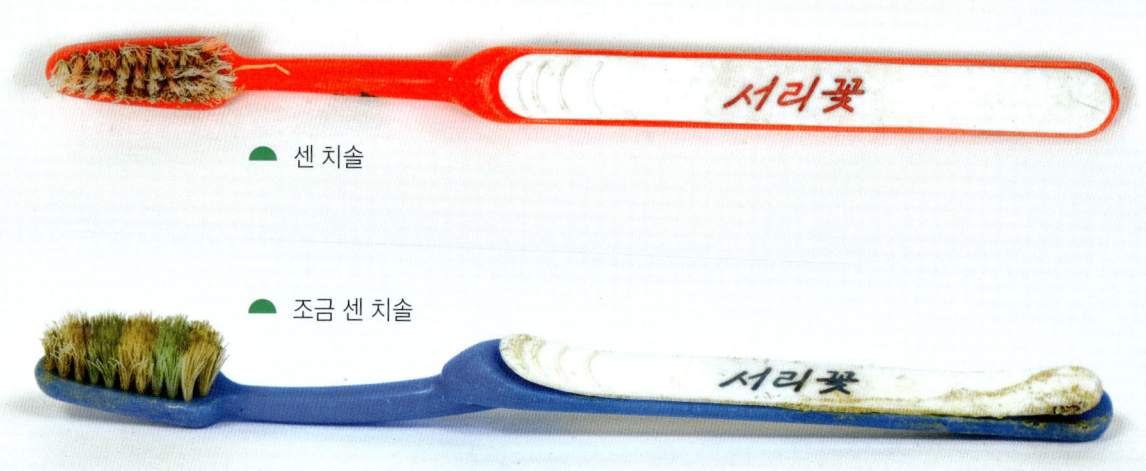

▲ 센 치솔

▲ 조금 센 치솔

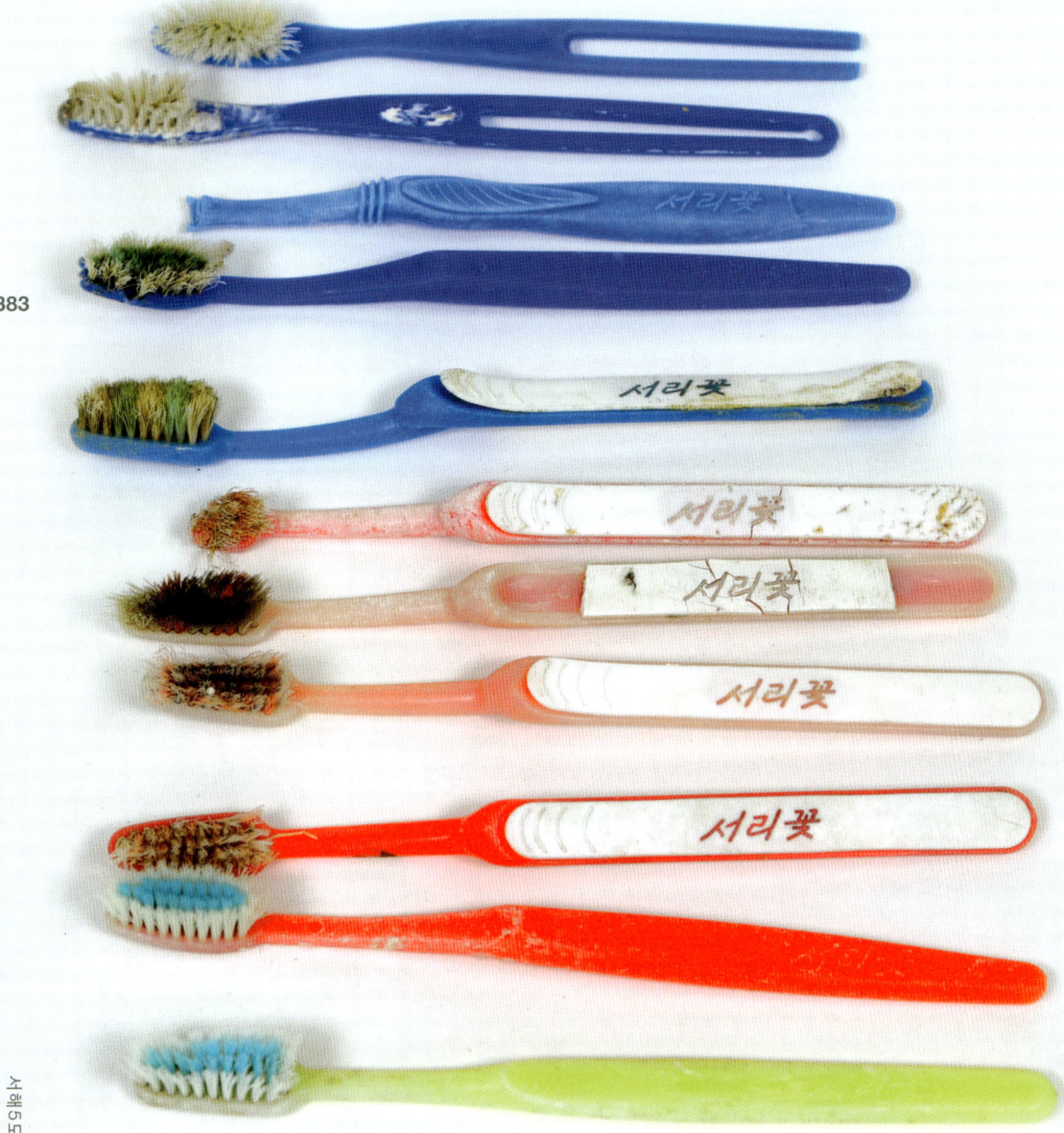

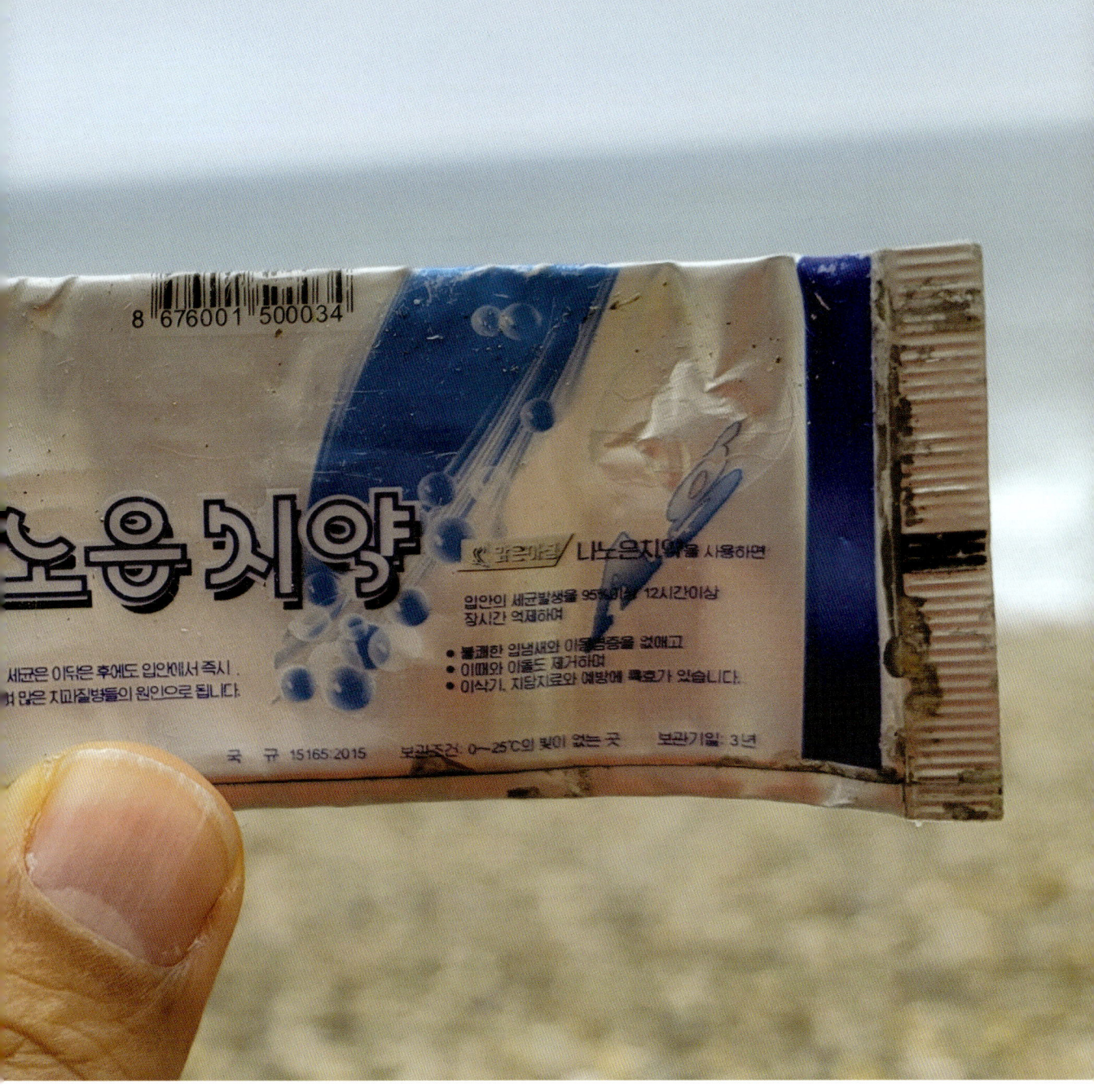

서해5도에서 북한쓰레기를 줍다

48 치약

북한에서 치약은 주로 〈신의주화장품공장〉에서 생산하는 '백학치약'이 대표적이다. 실제로 이번 조사에서 가장 많은 포장 용기를 수거한 제품도 '백학치약'이다.

〈신의주화장품공장〉에서는 '백학치약'과 함께 '백조치약', '인삼치약' 등의 제품을 생산하고 있다. 이외에도 '백화'라는 브랜드의 〈평양치과위생용품공장〉에서 생산한 'F-치약'과 '무지개'라는 브랜드의 〈경수복무역회사〉에서 만든 '은이온치약'등이 있다.

No.	품 명	브랜드	공 장	공장주소
1	백학치약	백학	신의주화장품공장	·
2	백조치약	메아리		
3	인삼치약	백학		
4	F-치약	백화	평양치과위생용품공장	·
5	치약			
6	치약	은하수	평양화장품공장	·
7	소금치약	만복화	조선어린이후원협회	·
8	불소치약	락원	영제수출품생산사업소	·
9	불소치약	백은	백은무역회사	·
10	나노은치약	맑은아침	전진대륜기술교류사	·
11	은이온치약	무지개	경수봉무역회사	평양시 락랑구역 관문 2동

'백학치약'과 '백조치약':

　백학치약은 용량과 디자인에 따라 4종류가 생산되는데, 이번 조사에서 동일 품목으로 가장 많이 주운 제품이기도 하다. 포장용기에 백학치약을 가로, 세로로 달리 쓰거나 백학을 형상화한 디자인이 제품별로 조금씩 다르다.

치약류

서해5도에서 북한쓰레기를 줍다

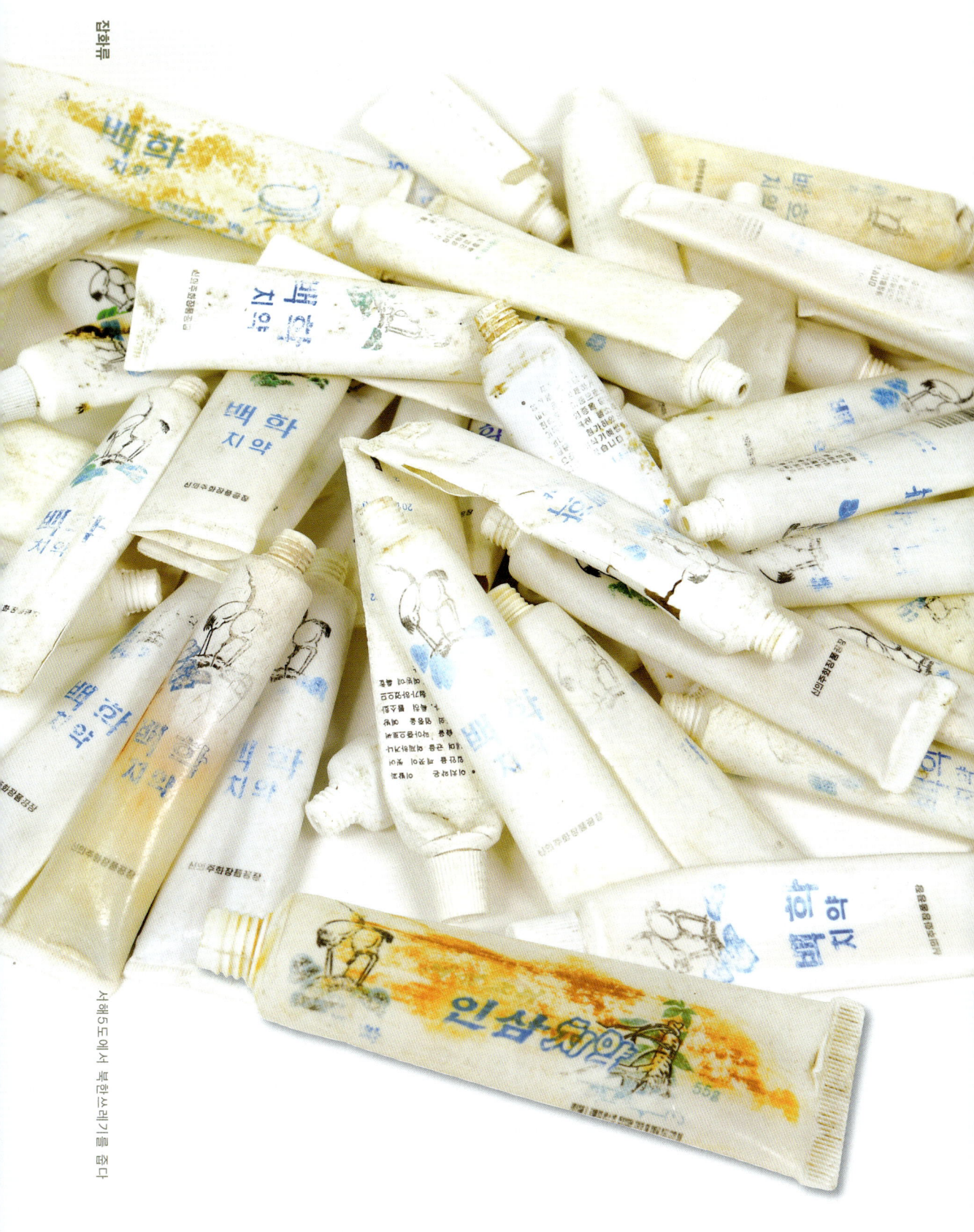

'백조치약'은 북한에서 제작한 선전포스터에도 소개된다.

🟢 해안가에 인접한 수풀에서 '백조치약'을 주웠다

평양치과위생용품공장의 F-치약: 깨끗하고 튼튼한 이발로!

〈평양치과위생용품공장〉에서 생산한 'F-치약'의 포장용기에는 여러 가지 효능을 강조하는 문구가 쓰여 있다. 앞서 백학치약의 포장용기 디자인과는 달리 화려한 색상과 선전문구를 넣어 고급화한 느낌이다.

> 풍부한 거품성
> 불소에 의한 이삭기예방
> 투명한 외형과 적당한 연마성
> 시원하고 상쾌한 느낌
>
> **조성** 소르비톨, 치약용이산화규소, 글리세린, 폴리에틸렌글리콜, 라우릴류산나트리움, 조합향료, 카르복시메틸셀룰로즈나트리움, 모노불화린산나트리움, 사카린나트리움, 엽록소
>
> **주의할 점** 어린이들에게는 어른들의 절반량을 사용하도록 하며 치약을 삼키거나 먹는 일이 없도록 하여야 합니다.

🔻 <조선어린이후원협회>에서 생산한 '소금치약'

맑은아침 나노은치약: 림상적으로 검토된 장시간의 향균효과

'맑은아침'이라는 브랜드를 사용하는 〈전진대륭기술교류사〉에서 생산한 '나노은치약' 역시 그 효능을 강조하는 문구가 포장용기에 새겨져 있다.

앞면
눈에 보이지 않는 세균은 이닦은 후에도 입안에서 즉시 증식하기 시작하며 많은 치과 질병들의 원인으로 됩니다.
나노은치약을 사용하면 입안의 세균발생을 95%이상 12시간이상 장시간 억제하며 불쾌한 입냄새와 이몸염증을 없애고 이때와 이돌도 제거하며 이삭기, 치담치료와 예방에 특효가 있습니다.

뒷면
입냄새, 이몸염증, 이때와 이돌제거
이삭기, 치담치료와 예방
위생, 치료, 예방

주원료 이산화규소, 소르비롤, 나노은, 글리세린, 모노불화린산소다, 향
효능 살균력이 강한 나노은과 불소가 첨가된 치약이므로 이몸에서의 출혈과 냄새는 즉시 없어지며 입안의 세균과 이때도 제거됩니다. 입냄새를 산생시기는 이돌은 한**** 흩어져나가고 이미 삭은 이발의 아픔도 없어지며 치담의 예방과 치료에 특효가 있습니다.

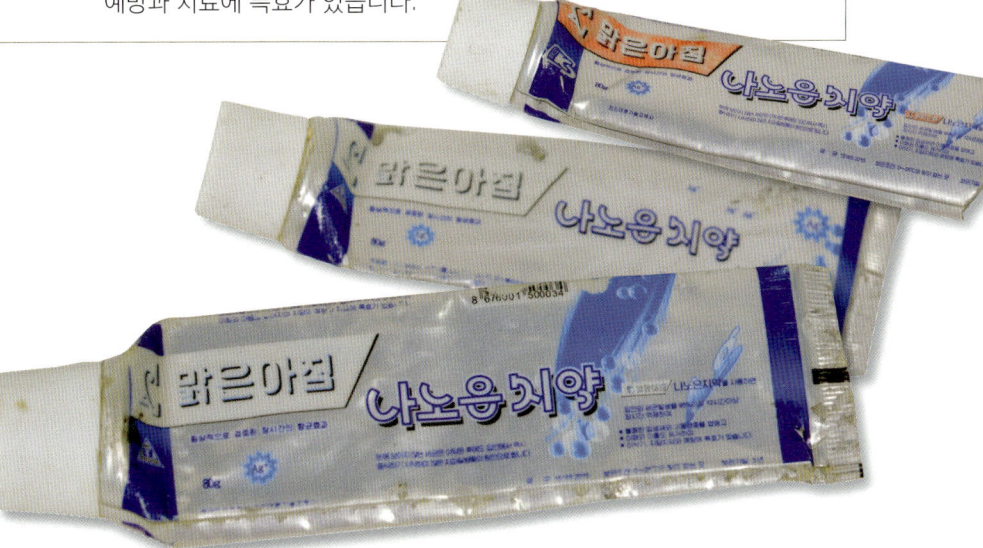

세탁세제

세탁세제 포장지는 모두 5종류인데, 가루비누 4종과 빨래비누 1종이다. 가루비누는 〈칠건무역회사〉, 〈화성수출품가공사〉, 〈봉화비누공장〉 등에서 생산하며, 한 종류는 포장지가 많이 훼손되어 생산공장을 알 수 없다. 〈봉화비누공장〉은 다양한 종류의 세수비누를 생산하는데, 가루비누와 표백비누 제품까지 출시하는 것으로 볼 때 세제류 제품을 전문적으로 생산하는 공장으로 보인다.

가루비누의 용량은 300g과 500g으로 규격화이며, 주원료는 모든 제품에 똑같이 계면활성제가 들어있다.

No.	품명	브랜드	공장	공장주소	공장전화번호
1	가루비누	지향	철건무역회사	평양시 락랑구역 전진동	02-933-6285
2	가루비누	강평	화성수출품가공사업소	평양시 서성구역 상신동	02-577-6439
3	가루비누	봉화비누	봉화비누공장	평양시 락랑구역 승리2동	·
4	강력한 표백비누	·	·	·	02-967-2479
5	가루비누	·	·	·	02-531-4284

녀성들의 편의 도모: 척 담그면 척 세척되는

'지향'이라는 브랜드를 사용하는 〈철건무역회사〉의 가루비누 제품은 음이온계면활성제, 바이온계면활성제, 탄산나트리움, 규산나트리움, 형광표백제, 향료 등을 주원료로 사용한다. 그런데 제품의 특성을 강조하면서 쓴 포장지 문구를 보면 "녀성들의 벗, 한번만에 진때제거, 척 담그면 척 세척되는 99% 표백세척"이라고 쓰여 있다.

가루비누 제품이 '녀성들의 벗'인지 이 제품을 만든 담당자에게 한번 물어봐야 할 것 같다.

생리적활성물질을 첨가하여 적은량으로 많은 세탁물의 진때를 손쉽게 제거할수 있습니다. 세탁후 두세번 헹구면 적은 량의 물로 비누물을 말끔히 제거할수 있으므로 녀성들의 편의를 도모할 수 있습니다. 세탁후 흰옷은 더 희게, 색깔있는 옷은 색을 보다 선명하게 해줍니다. 면, 화학섬유 등의 세탁에 쓰입니다.

가정주부들의 벗: 상긋한 향기

〈봉화비누공장〉에서 만든 '가루비누'도 '놀라운 세척효과와 상긋한 향기'의 제품특성을 강조한다. 그런데 앞서 〈철건무역회사〉의 제품에 '녀성들의 벗'이라고 쓴 것처럼, 이 제품 포장지에는 '가정주부들의 벗'이라는 문구가 쓰여 있다.

세탁세제에 '여성'이나 '가정주부'라는 특정 단어를 쓴 건 북한에서 가사가 여성들만의 몫이라는 특정 성역할 의식과 사회적 생활상을 보여주는것 같다.

세척력이 강하며 거품이 잘 일고 표백과 소독작용을 합니다.

손빨래인 경우 물 3L에 가루비누 1숟가락(15g)을 넣고 충분히 푼 다음 800g정도 빨래감을 10~15분간 담그었다가 빨면 됩니다.

세탁기빨래인 경우 물 10~15L에 가루비누 2숟가락(30g)을 넣고 충분히 푼 다음 1.4kg정도의 빨래감을 넣고 빨면 됩니다.

가정에서 흔히 사용하는 숟가락?

〈화성수출품가공사업소〉에서 생산한 가루비누 제품 포장지에는 사용방법이 쓰여 있다. "세탁과정에 피부에 대한 손상은 없습니다"라는 문구까지는 이해가 되는데, "가정에서 흔히 사용하는 숟가락을 써주십시오"라는 문구는 어떤 의미일까? 식사 때 사용하는 숟가락을 가루비누를 푸는 용도로 사용해도 될 만큼 안전한 성분인가?

포장지에 그려진 세탁기 디자인

가루비누 포장지에는 세 종류의 제품 모두 세탁기를 디자인했다. 빨래통과 탈수통이 분리된 형태도 보인다.

브랜드	공장	세탁기 디자인
지향	철건무역회사	
강평	화성수출품가공사업소	
봉화비누	봉화비누공장	

강력한 표백력: 눈부시게 하얗게

가루비누와 함께 〈봉화비누공장〉에서는 표백비누 제품도 생산하고 있다. 주원료는 '종려기름, 야자기름, 표백제, 계면활성제, 형광증백제, 향료, 방부제' 등으로 표기되어 있다. '눈부시게 하얗게'라는 문구가 눈에 띈다.

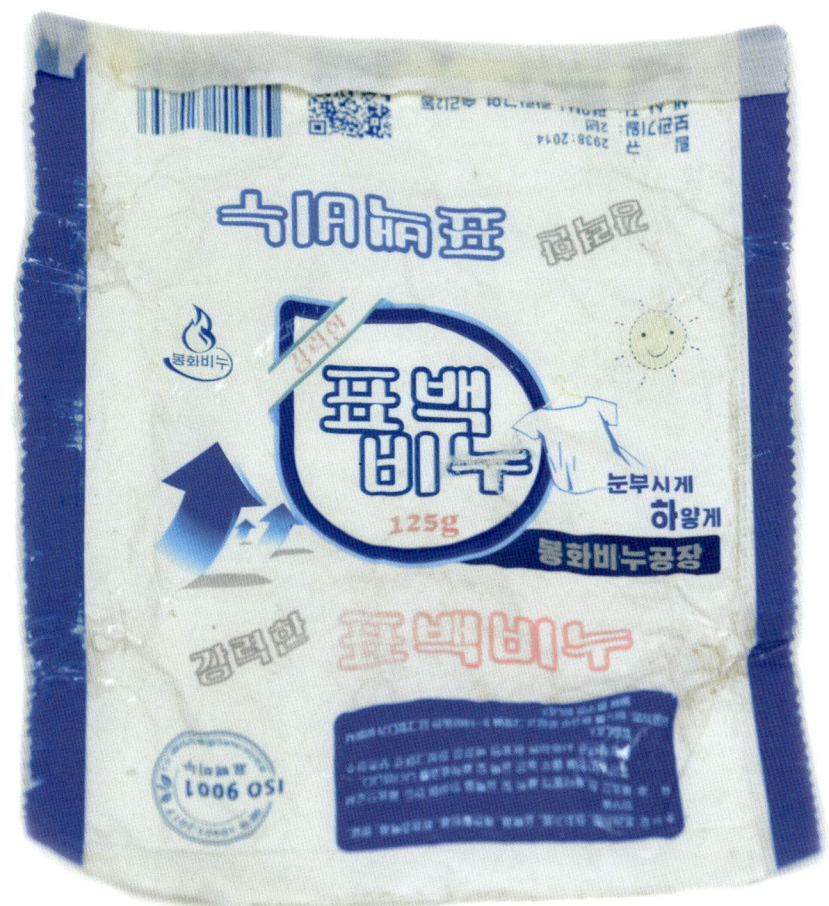

효과	제품은 한 세탁물의 세척 및 표백을 위하여 만든 제품으로서 짧은 시간안에 매우 높은 표백 및 세척효과를 나타냅니다. 정상적으로 사용하면 흰옷의 색감을 원상그대로 보존할수 있습니다.
사용방법	비누를 골고루 묻히고 그릇에 5~10분 동안 담그었다가 비벼서 물에 헹구면 됩니다.

그릇세척제

그릇세척제는 500ml 용기에 담긴 것으로 추정되는데, 용기는 떨어져 나가고 라벨만 주울 수 있었다. '생강향'이 난다는 이 제품의 주원료는 음이온계면활성제, 소금, 생강향, 증류수 등이다. 제품특성으로 '기름기를 깨끗이 없애고, 린성분이 없으며 안전하다고 표기되어 있다. '린'은 화학물질 '인(磷)'을 의미하는데, 지난 2020년 2월 김정은은 〈순천린비료공장〉을 현지지도했다.

'릇'자를 'ㅡ'와 'ㅅ'을 합쳐 디자인했다.

▶ 제품 포장지에 새긴 '그릇'이라는 글자에서 '릇'을 표기한 서체가 특이하다

'인민사랑의 결정체'라는 멋쟁이 공장

이 제품을 생산한 〈룡악산비누공장〉은 북한에서 '멋쟁이 공장'으로 선전하고 있다. 2020년 7월 24일자 〈조선의 오늘〉기사는 '룡악산비누공장 로동자 박향순 씨의 멋쟁이 공장'이란 제목의 글을 소개했다. 기사 내용을 보면 김정일이 평양화장품공장 현지지도 때 물비누를 생산하라는 지시를 내렸는데, 그 지시를 김정은이 직접 실천으로 옮겼다는 것이다. 그러면서 "우리 룡악산비누공장은 위대한 장군님의 숭고한 뜻과 념원을 받들어 인민을 위한 길에 모든것을 다 바쳐가시는 경애하는 원수님의 뜨거운 헌신이 안아온 인민사랑의 결정체"라며 김정은의 성과를 자랑한다. 기사 원문을 그대로 옮겨본다.

> 예로부터 평양의 금강산으로 불리워온 룡악산기슭에 자리잡은 우리 룡악산비누공장을 두고 사람들은 아름다운 자연풍치와 어울리는 멋쟁이공장이라고 말하군한다.
>
> 멋쟁이공장.
> 사람들속에서 울려 나오는 이런 목소리를 들을 때마다 인민들의 물질문화생활 향상을 위해 마음 쓰시는 경애하는 최고령도자 김정은 원수님의 헌신과 로고가 어려와 가슴이 뜨거워지는 것을 어쩔 수가 없다.
>
> 언제인가 위대한 령도자 김정일 장군님께서는 평양화장품공장을 현지지도하시면서 지금은 세계적으로 다 물비누를 쓰는 것이 추세라고 하시면서 한 두방울만 손바닥에 떨구고 비벼도 거품이 잘 나고 쓰기 좋은 물비누를 많이 생산할 데 대하여 간곡한 가르치심을 주시였다. 못 잊을 력사의 그날 위대한 장군님께서 남기신 유훈을 두고 마음 써오신 경애하는 원수님께서는 룡악산기슭에 공장부지를 잡도록 하시고 공장의 명칭도 룡악산비누공장으로 명명해주시였다. 진정 우리 룡악산비누공장은 위대한 장군님의 숭고한 뜻과 념원을 받들어 인민을 위한 길에 모든 것을 다 바쳐가시는 경애하는 원수님의 뜨거운 헌신이 안아온 인민사랑의 결정체이다.
>
> 나는 우리 공장에 깃든 경애하는 원수님의 숭고한 인민사랑을 가슴에 새기고 인민들이 좋아하고 즐겨찾는 제품들을 꽝꽝 생산해 내는 데 있는 지혜와 열정을 아낌없이 바치겠다.
>
> 룡악산비누공장 로동자 박향순
2020년 7월 24일자 〈조선의 오늘〉

애도의 어린이들이 받아안은
해바라기 학용품은 삽시에
섬마을을 불덩이처럼 달구었다

51 학용품

서해5도 지역에서 주운 학용품은 〈해바라기 원주필〉 1종류다. 북한에서는 볼펜을 원주필이라 부른다. '해바라기'는 '민들레 학습장'과 함께 북한의 대표적인 학용품 브랜드다.

로동신문(2020년 3월 31일)은 김정은이 섬마을 아이들에게 '해바라기' 학용품을 보냈다는 내용을 보도했다. 신문은 "애도의 어린이들이 받아안은 해바라기 학용품은 삽시에 섬마을을 불덩이처럼 달구었다"라고 전했다. 또한 지난 2021년 2월 16일 광명성절을 맞아 전국의 애육원, 초등학원, 중등학원 등의 원아들과 섬마을·섬초소 어린이들, 학생들에게 '민들레' 학습장과 '해바라기' 학용품 선물을 보냈다고 한다 (2021년 2월 17일자 로동신문).

이번 조사에서 주운 해바라기 원주필은 플라스틱 재질이기 때문에 파도에 떠밀려 서해5도 해안까지 떠밀려 온 것으로 보인다. 제품에는 '해바라기 원주필 0.7'이라고 쓰여 있다.

51 칠감
페인트

'벗겨지지 않아요, 변하지도 않아요'는 국내 한 페인트 제품의 광고 문구다. 북한에서는 페인트를 '칠감'이라 한다. 김정은 시대에 칠감은 단순히 칠감 하나에 그치지 않는다. 화학공업부문에서 국산화를 강조하는데 칠감(페인트) 역시 예외는 아니다. "누구도 우리를 도와주려고 하지 않는다. 자기 힘을 믿으면 만리도 지척이고 남의 힘을 믿으면 지척도 만리이다. 자력갱생의 혁명정신을 발휘해야 최악의 조건에서도 최상의 성과를 이룩할 수 있다"고 말한 김정은에게 칠감 생산공정은 그야말로 국산화를 이룩한 상징이었다.

지난 2016년 8월 13일자 조선중앙통신 보도에 따르면, 김정은은 〈순천화학연합기업소〉를 현지지도 하면서 '세계적 수준의 아크릴계 칠감생산공정을 완공한 데 대해 커다란 만족을 표시했다'고 전했다. 특히, "우리식 설계와 설비로 우리가 제작한 게 정말 대단하다"면서 "건물벽체는 물론 각종 금속과 목재를 도색하는 여러 색깔의 외장재와 내장재, 토양개량 및 수분보충제인 테라코템도 꽝꽝 생산하는 것을 보니 흐뭇하다"고 했다.

또한 북한의 대외선전 매체인 '서광'은 지난 2020년 6월 27일자 기사를 통해, '항련기술교류소에서 항균성과 음이온 발생, 공기정화기능을 종합적으로 실현한 다기능 녹색칠감인 수성칠감을 개발했다'고 전했다. 이 기사에 따르면 "이 칠감은 무균화, 공기음이온화를 단번에 실현할 수 있는 리상적인 녹색건축재료'로 소개하고 있다.

원자재가 부족한 북한경제 현실에서 이처럼 칠감의 국산화가 이루어진 것은 다름 아닌 파수지(폐플라스틱)을 이용한 자원재활용 때문이라고 선전한다. 지난 2021년 6월 16일자 조선중앙통신은 함흥건설대학이 흔한 원료로 건설자재 국산화를 추진하는데 그 사례로 파수지(폐플라스틱)를 이용한 칠감(페인트) 생산을 보도하기도 했다.

이번 조사에서 습득한 건자재는 〈수성칠감〉이다. 〈수성칠감〉 제품은 주원료가 대리석, 첨가제 등이며, 2-3배의 물에 잘 풀어 분무, 솔, 굴대를 이용해 칠을 한다고 표기되어 있다. 〈개성운학수출품가공사업소〉에서 만든 제품으로 공장 주소는 개성시 운학 1동으로, 전화번호는 049-37-1086과 049-37-3810이다. 포장지 뒷면에는 '건물 내부와 외부벽에 칠하는 질 좋은 칠감으로 물에 씻기지 않고 부착력이 강하며 세련된 색조를 보장한다'고 쓰여 있다.

흥미로운 건 '주의할 점:0°C 이하에서 보관하여 제품이 얼면 부착력의 세기가 약해집니다'라고 쓴 부분인데, 한국산 제품의 경우 대부분 영하5도 이하부터 페인트가 얼어붙는데, 이 제품은 0°C로 표기되어 제품의 질이 차이가 있음을 알 수 있다.

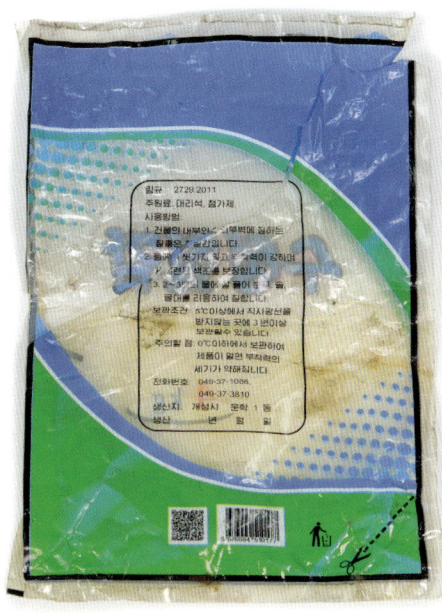

53 살충제

이번 조사에서 습득한 살충제 포장지는 2종류로 〈황금들대외기능공양성소〉에서 생산한 '〈황금산-1〉호'와 공장명은 알 수 없지만 '푸른들'이라는 브랜드를 사용하는 '〈유아1〉호'라는 제품이다. 두 제품은 공장과 상품명은 각각 다르지만, 효능이나 대상벌레는 같다.

분류	품명호	브랜드	공장	공장주소
농약류	〈황금산-1〉호	황금들	황금들대외기능공양성소	평양시 선교구역 률곡1동
	농약류〈유아1〉호	푸른들	.	.

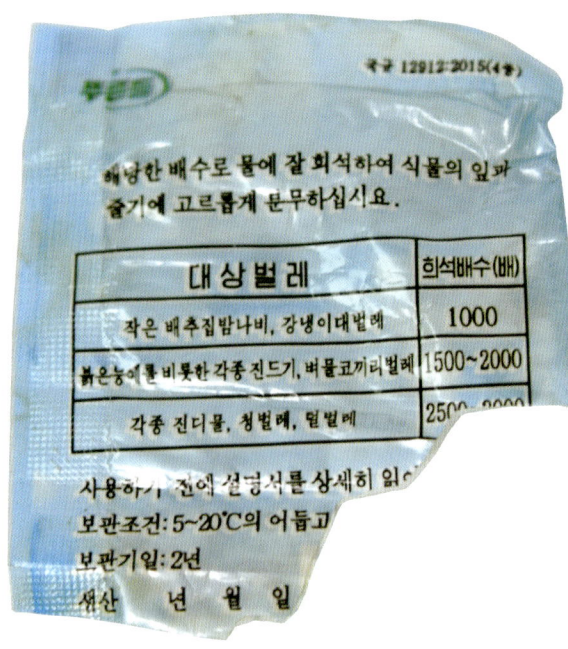

알곡에서 대포도, 땅크도, 비행기도 나온다?

북한에서는 식량문제 해결을 위해 농업을 강조한다. 지난 2021년 6월 28일자 로동신문에는 "알곡을 많이 생산하면 먹는 문제가 풀리는 것은 더 말할 것도 없고 거기에서 대포도 나오고 땅크(탱크)도 나오고 비행기도 나온다"면서 농업현장도 인민의 행복과 미래를 수호하는 '결전장'으로 비유했다.

농사를 잘 지으려면 병해충 방제는 필수다. 그런 점에서 살충제 제품은 효능을 강조한다. 제품 포장지에는 '과수, 남새, 알곡, 원림 및 공예작물에 피해를 주는 거의 모든 해충들에 95%이상 효과'라고 표기되었으며, '나노분산형 살충제'라는 특성을 강조한다. 대상벌레에 따라 희석배수가 다른데, 예를 들어 '작은 배추집밤나비', '강냉이대벌레'는 1000, 각종 진디물과 청벌레, 털벌레는 2500~3000으로 표시되어 있다. 남북한이 사용하는 벌레명이 다른 것도 알 수 있는데 '강냉이대벌레'는 '강냉잇대벌레'를, '벼물코끼리벌레'는 '벼물바구미'를 뜻한다.

대상벌레	희석배수(배수)
작은 배추집밤나비, 강냉이대벌레	1000
붉은 능예를 비롯한 각종 진드기, 벼물코끼리벌레	1500~2000
각종 진디물, 청벌레, 털벌레	2500~3000

살충제라는 제품의 특성과는 다소 어울리지 않게, 〈황금산-1〉호 제품의 포장지에는 벼이삭 사진을 배경으로 배추, 옥수수, 사과 등에 얼굴을 형상화한 캐릭터를 그려 넣었다.

● '황금들'과 '푸른들'이라는 브랜드의 <황금산 1>호, <유아1>호 살충제

EXHIBITION
10

기타

기타로 분류한 제품은 북한산 제품으로 추정되지만, 포장지에 별도의 제품정보가 표기되지 않아 확인이 어려운 것들이다. 옷, 신발, 수지통, 군모 등과 북한주민들의 생활상을 알 수 있는 몇 가지 물건들이다.

54 수지통

해안가 모래에 묻힌 검은색 플라스틱 상자를 처음 발견했을 때 이것이 북한산 제품일 거라고는 생각지도 못했다. 그동안 수차례 그 지역을 오가며 제품 포장지를 주우면서 한 번도 보지 못한 물건이었다. 며칠전에는 그 자리에 없던 물건이었기에 관심은 갔지만 그게 북한산 제품일거라는 기대는 없었다. 더구나 비닐포장지나 페트병도 아닌 한아름만큼이나 큰 통이 북한에서 떠내려왔을거라고는 생각조차 안 했다.

반쪽이 깨어진 부분에 모래가 가득 담긴 채 해안가 모래밭에서 파도에 이리저리 쓸리는 그저 쓰레기통 정도로 여겼다. 그런데 혹시나 하는 마음에 들쳐봤을 때 제일 먼저 눈에 들어온 건 '청천강'이라는 단어였다.

청천강?

분명 북한지역에 있는 강(江) 이름이었고, 서체도 북한의 선전 포스터에서 나 보던 익숙한 글씨였다. 순간 북한산 제품일 거라 직감했다. 하지만 제품 어디에도 북한산이라 확신할 만한 다른 단서는 전혀 없었다.

결국, 필자의 페이스북에 사진을 올리고 고향이 북쪽인 분들에게 도움을 구했다. 게시한 지 얼마 되지 않아 수십여 명의 페친들이 댓글을 통해 이 제품이 북한산 제품임을 확인해 주었다. 이 지면을 빌어 다시 한번 그분들께 감사를 전하며, 양해를 구하고 댓글을 그대로 옮겨본다.

이정희
이게 어떻게 여기까지
ㅉㅉ
오느라 고생했어 👍 1

박희순
파비닐로 만드는 수지일용품공장 생산물 👍 1

도명학
남흥화학연합기업소 수지통이 탈북했네요. 👍😂 3

Sun Hwa Choi
맞아요 북한에서 젓갈 장사할때 쓰던겁니다 👍 3

오진하
평북도와 평남도 경계지역에 흐르는 강이 청천강입니다

청천강을 경계로 북쪽과 남쪽의 기온차가 뚜렷하며
생활풍속도 좀 다릅니다

중류부터 하류로 가면서 바다뻘이 많고 밀썰물차가 있으며 어업도 합니다

청천강. 명칭의 상품도 북에는 많습니다

아마 신진의 용기는 지역기와공장(도자기 공장의 개명된 이름)에서 생산된 자기그릇일

천천강 이라 쓴 폰트스타일을 보면 1980년대 생산품이라 판단됨

赵媚珠
저통에다물도길어서먹고요,겨울이면무도절이고,소금도담아놓고,생선장사들은생선도 만능통입니다.
저거보다큰것도있구요,더작은것도있고,

Pak Yeonhui
교수님 북한제품 맞습니다
겨울에 된장이나 배추절임할때 쓰였던 통이에요 시장에서는 아줌마들이 멸치젓담글때

문성휘
젓갈공장 담금통인 것 같은데요. 북한에 청천강 젓갈공장이 있습니다. 👍 1

최성국
평안남도 남흥청년화학련합기업소에서 생산 하는데
한 기업소에서도 30~40곳에서 생산함
한 개당 도매가격은 1$ 북한돈 1만원, 소매가는 1만 5천원

통찍는 것은 공장에서 돈 벌 수 있는 최고의 방법. 공장도 벌고 노동자도 범
학생들은 공부보다 비닐주으러 다니는 데 더 관심을 가짐 👍 6

55 압록강 신발

요즘 시대에 이런 신발을 신는 사람들이 있을까? 서해5도 해안가에서 주운 낡은 신발을 보면서 든 생각이다. 여기저기 실로 꿰매고 헝겊을 덧대어 너덜너덜해진 신발의 주인이 누구인지 너무도 궁금했다. 북한에서 만든 제품이라고 볼 단서는 단 하나도 없었다.

서해5도 지역에서 북한쓰레기를 줍기 위해 해안가를 다니면서 발견한 신발만 수백 켤레는 될 것 같다. 신발 안쪽에 제품 정보를 담은 라벨을 찾고 또 찾아봤지만 이미 낡을 대로 낡은 신발에서 제품 정보를 확인하는 건 결코 쉽지 않았다.

그렇게 수 개월 동안 북한 신발은 단 한 켤레도 찾지 못했다. 제발 이번 만큼은 꼭 북한에서 만든 신발을 찾게 해 달라며 기도하는 마음으로 버려진 신발에만 주목했다.

그러던 중 유일하게 북한 제품으로 그나마 추정할 수 있는 단 한 짝의 신발을 찾았다. 하나의 단서는 '압록강'이라는 한글자다. 해안가 모래밭에 묻힌 신발을 조심스럽게 뒤집었을 때 신발 밑바닥에 '압록강'이라는 글씨가 보였다.

물론 지금도 이 '압록강'이라는 글자 하나로 북한에서 만든 제품이라 단정할 수 없다는 점을 잘 안다. 중국의 북중국경도시에 가면 조선족 소비자들을 위해 한글이 섞인 제품을 중국업체에서 생산하기 때문이다.

'압록강'이라 쓰인 이 신발의 주인공은 과연 누구였을까?

🔻 '산림애호'라고 쓴 북한의 패쪽(팻말)

🟢 북한 주민들이 바다에서 부표로 사용하기 위해 여러 개의 페트병을 끈으로 촘촘히 묶었다. '귤향 탄산단물'이라고 쓴 라벨이 떨어져 나갔다면 북한 제품이라 단정하지 못했을 것이다

🟢 여전히 이 옷이 북한에서 만든 것이라 확신이 들지는 않는다. 옷 안쪽 옷감에 'KWANG RYANG'이라는 영문 옆에 '광량'이라고 쓴 글씨체가 북한 서체로 보일 뿐이다

🟢 북한군 모자

● 북한 주민들을 위해 쌀과 USB 그리고 메시지를 담아 보낸 페트병

● 서해5도 지역 해안가에서 북한쓰레기를 주우러 다니며 가장 많이 주운 건 어쩌면 두려움이었다. "출입금지 지뢰" 표지판

부록

디자인 서체
주요공장 현황

디자인 서체

왕대추 사과향

글롯 알사탕

딸기즙 얼음과자

군밤야자
에스키모

들깨빵 검은찹쌀
에스키모

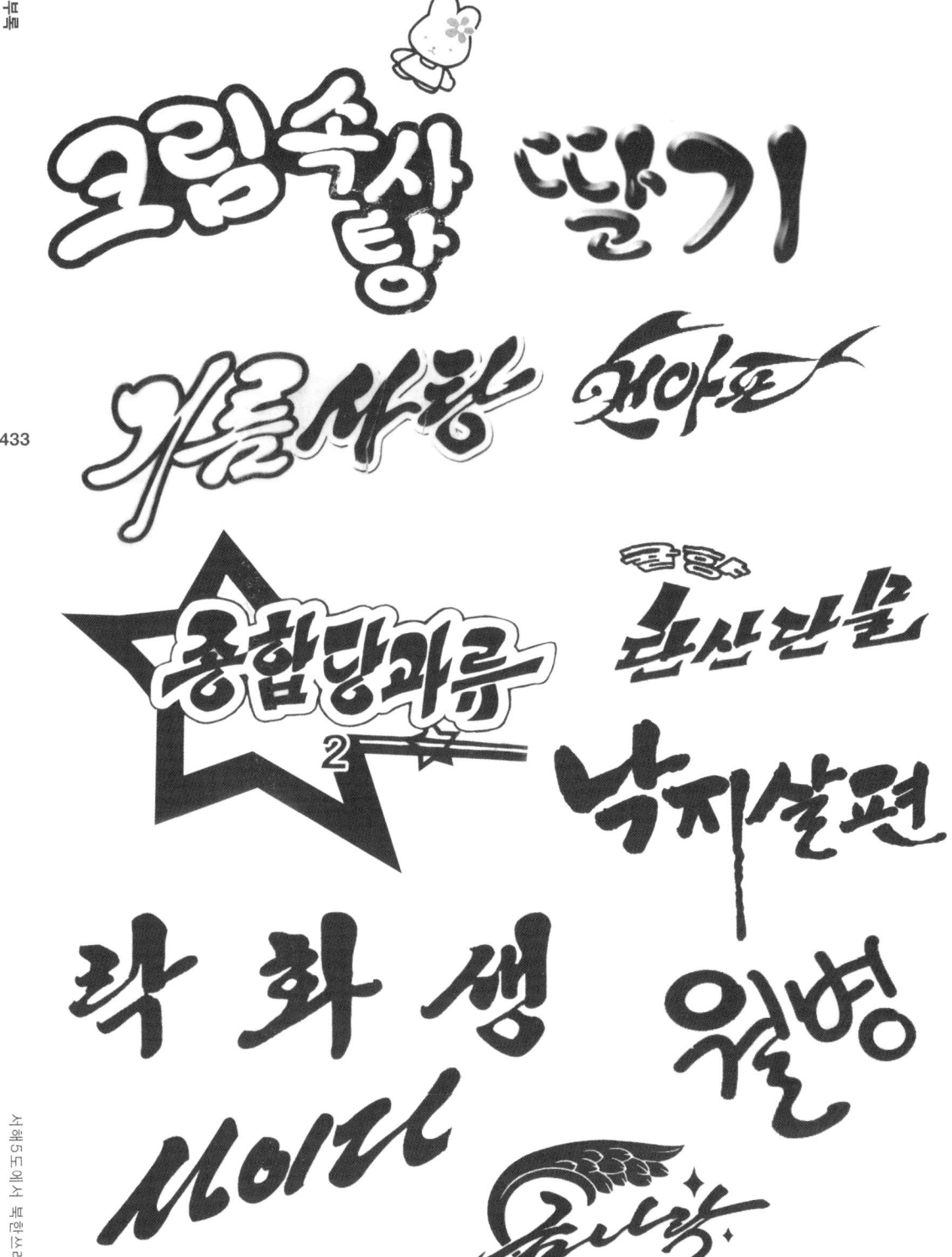

커피맛 쵸콜레르

AHAICH

쇠고기맛 즉석국수

우 동

콩

쵸콜레드

쵸콜레드

우유맛 쵸콜레드

찔광이

롱인조고기

에스키모

고려 항공
AIR KORYO

월병   해물맛   국수

호두즙

귤향

탄산단물   효모빵

콩   쏘세지

홍당무우소빵

콩

주요공장 현황

공장명	브랜드	생산품목	규격/국규
11월2일공장	전승	당과류(사탕)	13918:2014
		잡화류(세수비누)	1927:2011(2종)
56무역총회사		음료류(탄산단물)	·
7.27체육음료개발건강식품공급소	만당	식품류(안주)	8640:2014(1종)
갈마식료공장		식품류(우동)	9906:2016
갈마천가공사업소	천화대	유제품(요구르트)	11971:2009(2종)
감찬정수출품가공공장	감찬정	유제품(우유,유제품),	11779:2008
강동무역회사	우호	음료류(에네르기활성음료)	7675:2015(2종)
		음료류(탄산단물)	11779:2016(2종)
		빵류(단졸임소빵)	11779:2016(3종)
		당과류(과자)	15258:2015
강동식료공장	주봉산	식품류(차)	8640:2014(1종)
강성무역회사	새희망	잡화류(칠감)	9006:2009
강성식료가공공장	새희망	식품류(차)	·
개성록산수출품가공공장	관덕정	음료류(탄산단물)	
개성운학수출품가공사업소		잡화류(세수비누)	(림규)
	금노을	유제품(우유,요구르트)	2729:2011
경공업무역회사	랭천	잡화류(치약)	·
경련애국사이다공장	꽃잎	양념(맛내기)	8640:2014(1종)
경림식료일용가공사업소	경상	빵류(효모빵)	9215:2011
경상수출품가공소	무지개	당과류(사탕,과자),	11779:2008
	경흥	빵류(단졸임소빵,단설기,	10887:2007
	경흥	효모빵),	7675:2009
경수봉무역회사	경흥	식품류(즉석국수)	·
경흥4무역회사	·	양념(맛내기)	8799:1990(1종)
경흥은하수식료공장	·	당과류(사탕),	
		식품류(우동, 즉석국수)	9574:1998(1종)
			1927:2011
			11764:2016(2종)
			9096:2009
			3757:2009
			3758:2009(2종)
			13922:2016(2종)
			10852:2001

공장명	브랜드	생산품목	규격/국규
			11202:2009
			11202:2009(1종)
고려동양샘물공장	금수강산	음료류(샘물)	11315:2005
고려식료가공공장		빵류(효모빵,기타)	15131:2015(2종)
			3757:2016(1종)
고려항공총국식료가공공장	고려항공	양념(맛내기)	8799:1990(1종)
곡물가공연구소	곤양강	양념(생강가루,후추가루)	11771:2008
			11772:2008
과학자려관	웅성	유제품(에스키모)	11597:2008
관문무역회사	봄	식품류(마요네즈)	
관문식료사업소	꽃구름,봄	음료류(탄산단물),	8640:2014(2종)
		빵류(단설기,효모빵),	11764:2016(2종)
		식품류(맛살,마요네즈,안주)	3757:2016(2종)
			10333:1997
			16475:2019
			(평양시규
			451:2007
광복신건식료공장	흥건	음료류(탄산단물),	8640:2014(2종)
		주류(막걸리),	11741:2015(1종)
		당과류(과자)	10852:2001(1종)
구룡강무역회사	구룡산	음료류(탄산단물,단물)	8640:2000
구룡포식료가공사업소	흥룡	빵류(단설기)	11764:2016(2종)
국광합작회사	국광	양념(후추가루)	11771:2008
국제무도회사	슬기	양념(맛내기)	8799:2019(1종)
금강산무역회사	금강산무역회사	식품류(즉석국수)	3758:2009(2종)
금강산제일공장	제일	의약용품(치료제)	·
금릉무역회사	새길	양념(맛내기)	·
금은산무역회사 운하금은산상점	금은산	양념(후추가루)	11771:2008
		양념(맛내기,양념가루)	8799:1990(1종)
			10479:2009(1종)
금은산무역회사 운하판매소	금은산	양념(후추가루)	11771:2008
금컵체육인종합식료공장	금컵	음료류(단물),	10175:1996,
		당과류(사탕,과자),	12531:2014(1종)
		빵류(단설기,소빵,튀긴빵,	11764:2008(1종)

공장명	브랜드	생산품목	규격/국규
		효모빵,단졸임소빵,기타), 식품류(쏘세지)	11764:2008(2종)
			11764:2008
			11764:2016(2종)
			9096:2009(1종)
			13328:2013
			13328:2013(2종)
			3757:2016(2종)
			10852:2001(1종)
			9816:2011
			9816:2009
금탑원천생산사업소	금컵	음료류(탄산단물)	8640:2014(2종)
남포기술대학기술제품연구실	진도	식품류(인조고기,차)	10386:2017
			15094:2015
남포시기기초식품공장	보람	식품류(우동)	11971:2009(1종)
년흥무역회사	설화	·	·
단풍무역회사		음료류(탄산단물)	8640:2014(1종)
대동강과일종합가공공장	대동강	음료류(단물,탄산단물), 잡화류(샴푸)	12531:2014(1종)
			8640:2000
			11005:2011
대동강주사기공장	대동강	의약용품(주사바늘)	3964-2:2003
대보경제협력교류사	대은	음료류(탄산단물)	8640:2014
대보무역회사	대성천	양념(맛내기)	8799:1990(1종)
대성산식료가공사업소	무릉도원	음료류(탄산단물)	8640:2014(2종)
대성산유희시설관리소	대영	음료류(샘물)	11315:2016
대성종합식당	림흥천	음료류(탄산단물)	·
대성천 종합식료공장	대성천	음료류(탄산단물), 식품류(즉석국수)	8640:2014(1종)
			3758:2009(2종)
			3758:2009
대은수출품가공사업소	경상	유제품(우유,요구르트), 음료류(단물)	7675:2015(2종)
			11779:2016(3종)
			12531:2014(1종)
동대원김치공장	원신	양념(고추가루)	11846:2008
동양무역회사	동양	음료류(탄산단물)	8640:2014(1종)
동양서포식료공장	동양	음료류(탄산단물)	8640:2014

공장명	브랜드	생산품목	규격/국규
동양선교식료공장	동양	양념(후추가루)	11771:2008
라선령선종합가공공장	두만강	식품류(즉석국수)	3758:2009(2종)
락랑광흥식료가공사업소	하늘	식품류(인조고기)	13386:2013
락랑식료공장	락랑	음료류(탄산단물), 당과류(사탕), 식품류(안주)	1927:2011(1종) 8640:2014(2종) 12201:2009
락랑영예군인수지일용품공장		양념(맛내기)	8799:1990(1종)
락연무역회사	락연	유제품(에스키모), 양념류(맛내기)	11596:2008 8799:1990(1종)
락연무역회사 락랑락연수출품 가공사업소	락연,매봉산	유제품(우유,에스키모)	7675:2015(3종) 11596:2016
락연식료가공공장	락연	유제품(우유,요구르트,에스키모), 음료류(단물)	7675:2015(1종) 7675:2015(3종) 11779:2016(2종) 11778:2015(2종) 12531:2014(1종) 11596:2016
락원건흥교류소	락원	음료류(탄산단물)	8640:2014(2종)
려명식료가공공장	려명	주류(소주)	5761:2013(1종)
력포식료공장	대현	음료류(탄산단물)	8640:2014(1종)
련경무역회사		음료류(샘물)	11315:2005
련못식료생산사업소	봄노을	당과류(과자)	9816:2011(1종)
례성강식료공장	성흥	빵류(튀긴빵,겹빵)	13328:2013(2종) 3757:2016(1종)
롱마무역회사	롱마	음료류(탄산단물)	8640:2014
롱봉식료공장	롱암	당과류(과자)	
롱성공장	롱성	당과류(과자)	10852:2001(1종)
롱성구역상업관리소	롱궁	음료류(탄산단물)	8640:2014(1종)
롱성식료가공공장	롱마산	주류(소주)	5761:2013(1종)
롱성식료품가공공장	롱마산, 롱궁	음료류(탄산단물)	8640:2014(2종) 8640:2014
롱악무역회사	릉라도	양념(맛내기)	8799:1990(1종)
롱악산비누공장	롱악산	잡화류(샴푸,그릇세척제)	11005:2016 (림규)2966:2015

공장명	브랜드	생산품목	규격/국규
룡진합작회사	룡진	유제품(우유)	7675:2008
류경제약소	·	의약용품(치료제)	·
릉라회사	릉라	빵류(기타)	11201:2015(2종) 3757:1994
만경대경흥식료공장	경흥	당과류(과자)	9811:2016(4종) 9816:2011(4종) 11202:2009 11202:2009(2종) 10619:2013(1종)
만석봉식료가공사업	정산	양념(맛내기)	8799:1990 8799:1990(1종)
명안식료가공사업소	명안	당과류(사탕)	10499:2016
묘향덕상합영회사	별보라	당과류(사탕), 빵류(단졸임소빵,기타)	10175:1996 9096:2009(1종)
묘향무역총회사	묘향	양념(맛내기)	8799:1990(1종)
묘향무역총회사 선봉빵공장	묘향	양념(맛내기)	8799:1990(1종)
무도식료가공사업소	슬기	양념(맛내기)	8799:1990(1종)
문수식료공장	청류	음료류(탄산단물)	8640:2014(1종)
문천시식료공장	문천	당과류(과자)	10619:2013(2종)
발양산식료가공사업소	발양산	음료류(탄산단물), 식품류(우동)	8640:2014(1종) 11971:2009(2종)
백은무역회사	백은	잡화류(치약)	35160:2016(1종)
봉학신봉일용품공장	신봉	잡화류(세수비누)	9215:2011
봉화비누공장	봉화비누	잡화류(세수비누,세탁세제)	9215:2011 3072:2016 12645:2010 2938:2014
북창대흥탄광	선유봉	유제품(에스키모)	11596:2016
사동수출품생산사업소	봄우뢰	음료류(탄산단물)	8640:2014(2종)
사리원철도상업성	푸른대지	유제품(에스키모)	11596:2008
사리원방직공장	경암산	유제품(에스키모)	11596:2008
사리원철도상업관리소	푸른대지	유제품(에스키모)	11596:2016 11596:2008
산업미술무역회사	·	양념(양념가루)	10479:2009

공장명	브랜드	생산품목	규격/국규
삼건무역회사	삼건	유제품(요구르트), 음료류(단물), 식품류(즉석국수)	10897:2007 12531:2014(1종) 12724:2010
새별식료공장	영봉	음료류(탄산단물), 양념류(맛내기)	8640:2014(2종) 8799:1990(1종) 9816:2011 9816:2011(1종)
서산려명식료공장	려명	당과류(과자)	·
서산식료생산사업소	지당산	음료류(탄산단물)	8640:2014(1종)
서장음료공장	봄날	음료류(탄산단물)	8640:2014
선봉빵공장	청춘	당과류(과자)	11202:2009(1종)
선화식료공장	새벽 경기장	유제품(에스키모)	·
선흥식료공장	선흥, 경흥	음료류(탄산단물), 당과류(사탕,과자), 빵류(단설기,겹빵), 양념(맛내기), 빵류(기타),당과류(과자), 유제품(에스키모), 당과류(과자), 양념(맛내기)	10175;1996 9574:1988 8640:2000 8640:2014(1종) 11764:2016(2종) 11201:2004 11202:2009(2종) 8818:2000(2종)
설천상업기술교류사	만발,설천	양념(맛내기)	8799:1990(1종)
성북묘향상점	약동,금컵	빵류(기타),당과류(과자)	12255:2009 12255:2009(1종) 8818:2000
성수산식료공장	·	유제품(에스키모)	11596:2008
성천강체육관수출원천생산사업소	·	당과류(과자)	8799:1990
소백산식료가공사업소	소백산	양념(맛내기)	5761:2013(1종)
송도원종합식료공장	송도원	주류(소주, 맥주), 빵류(딘설기,겹빵,튀긴빵,단졸임소빵,기타), 식품류(즉석국수), 당과류(사탕,과자)	3422:2011 11764:2016(2종) 11201:2015(2종) 3757:2016(1종) 13328:2013 13328:2013(2종) 13891:2014

공장명	브랜드	생산품목	규격/국규
			10619:2013(2종)
			10619:2013(1종)
			8818:2000(1종)
송일식료공장	송일	음료류(탄산단물)	
송천식료공장	송천	음료류(탄산단물)	8640:2014(1종)
수림식료공장	수림	음료류(탄산단물), 빵류(단졸임소빵, 단설기,기타), 당과류(과자)	8640:2014(1종) 11764:2016(1종) 9096:2009 9096:2009(1종) 3757:2016(1종) 9816:2011(1종) 11202:2009(1종)
수출품생산사업소	금은산	식품류(우동)	11971:2009
승전무역회사	승진	잡화류(세수비누)	9215:2011
신의주화장품공장	백학, 봄향기, 메아리	잡화류 (치약,세수비누,화장품)	8697:2002 8697-99 8697:2014 9215:2011 9215-99 11007:2002 11008:2002
안골식료가공사업소	꽃숲	음료류(탄산단물)	8640:2014(2종)
양명식료품가공사업소	양명	식품류(우동)	11971:2009(1종)
영봉식료공장	영봉	당과류(사탕)	1927:2011(2종)
영제수출품생산사업소	락원	잡화류(치약)	35160:2016(1종)
예류합영회사	은금	양념(맛내기)	8799:1990(1종)
오일건강음료종합공장	5월1일 경기장	유제품 (우유,요구르트,에스키모), 음료류(단물,탄산단물)	7675:2015(3종) 7675:2015(2종) 11779:2016(2종) 12531:2014(1종) 8640:2014(1종) 8818:2000(2종) 11596:2016
오일무역회사	5월1일 경기장	유제품(에스키모)	11596:2008

공장명	브랜드	생산품목	규격/국규
			11598:2008
오일식료품공장	5월 1일 경기장	유제품(우유, 에스키모), 음료류(단물)	
오일종합가공공장	5월 1일 경기장	유제품(우유,요구르트, 에스키모), 음료류(단물, 에너르기 활성단물), 빵류(와플,겹빵, 단졸입소빵,소빵,기타), 식품류(즉석국수)	7675:2015(3종) 10893:2007 10897:2007 11779:2016(1종) 11779:2016(2종) 11779:2008(1종) 7675:2009 12531:2014(1종) 15258:2015 11596:2008 11596:2016 11598:2016 9096:2009 9096:2009(1종) 3757:2016(1종) 15131:2015(2종) 3758:2009(2종)
옥류민예사	옥류	음료류(탄산단물)	8640:2014(1종)
옥류벽건강식품공장	옥류벽	양념(양념가루), 잡화류(물수건)	10479:2009(3종) 13353:2017
와산보흥식료가공사업소	꽃이슬	음료류(탄산단물)	8640:2014(2종)
운하대성식료공장	대하	당과류(사탕,과자), 빵류(단설기), 양념류(맛내기)	1927:2011 12531:2014(1종) 11764:2008, 8799:2019(1종) 8799:1990(1종) 9816:2011 9816:2011(2종) 9817:2016
원산기초식품공장	원산	주류(맥주), 빵류(단설기)	3422:2011 11764:2016(1종)

공장명	브랜드	생산품목	규격/국규
원산봉화상점	봉화	빵류(단설기)	11764:2015(1종)
원산장원물자보장소	장원	주류(맥주)	3422:2011
유성제약공장	대흥	의약용품(링거)	32606:2008
유아건강식품기술교류소	유아	유제품(요구르트)	10897:2007
유아무역회사	영봉	빵류(와플,단설기,단졸임소빵, 효모빵,스피룰리나,소), 양념류(맛내기), 당과류(과자)	11764:2016(2종) 9096:2009(1종) 3757:2016(1종) 15131:2015(2종) 15221:2015
유아제약공장	유아	유제품(우유,요구르트), 음료류(단물), 의약용품(치료제)	9096:2009(1종) 11779:2016(1종) 10897:2007 12531:2014(1종) 8799:1990(1종) 34846:2012 33052:2012
유아종합식료공장	·	양념(맛내기), 당과류(과자)	8799:2019, 11202:2009(1종) 15221:2015
을지봉합작회사	을지봉	양념(후추가루,양념가루)	11771:2008 10479:2009(3종)
장산무역회사	푸른매	양념(맛내기)	8799:1990(1종)
장생식료공장	장생	양념(맛내기)	8799:1990(1종)
장훈분공장	룡암	당과류(과자)	9816:2016
장훈식료가공사업소	룡호	유제품(우유)	10897:2007
전진대륙기술교류사	맑은아침	잡화류(치약)	15165:2015
전진소주공장	눈송이	주류(소주)	5761:2013
전진식료가공사업소	새시대	식품류(우동), 잡화류(물수건)	11971:2009(1종) 13353:2017
전진식료공장	금나락	빵류(단설기)	11764:2016(1종)
정백금흥식료가공사업소	섬광	양념(맛내기)	8799:2019(1종)
정백종이생산사업소	고고성	잡화류(생리대)	10705:2009

공장명	브랜드	생산품목	규격/국규
정성제약종합공장 Djong Song pharmazeutisxhe komplexe Fabrik	·	의약용품(링거)	30051:2008 32606:2008
정흥합작회사	백화		10705:2009
조선대보무역회사	대성천	잡화류(생리대)	3757:2016(1종)
조선대보무역회사	대성천	빵류(겹빵)	8799:1990(1종)
보통강물자생산사업소		양념(맛내기)	
조선명승무역회사	슬기		12531:2012
조선신흥무역총회사	첫눈	음료류(단물) 빵류(단설기,겹빵)	11764:2016(1종) 11764:2008
조선어린이후원협회	만복화		35161:2016
조선오일무역회사	5월1일 경기장	잡화류(치약)	11596:2008
조선태성무역회사	태성	유제품(에스키모)	·
중앙식물원	소문봄	의약용품(치료제)	11315:2016
천마산식료공장	동양,천마산	음료류(샘물) 식품류(우동)	11971:2009 11971:2009(1종)
철건무역회사	지향		2643:2010
철도록산무역회사	동명	잡화류(세탁세제) 양념(맛내기),	8799:1990(1종) 10386:2017
청류병식료공장	청류병	식품류(인조고기) 식품류(안주)	10333:1997 15078:2015
청연무역회사	청연	 양념(후추가루)	11771:2008
축전경흥식료공장	경흥	음료류(단물), 주류(맥주)	12531:2014(1종) 3422:2011
칠보무역상사	·	당과류(사탕)	1927:2011
팔경맥주공장	팔경	음료류(탄산단물)	8640:2014(1종)
평신합작회사	평신	유제품(에스키모)	11598:2008 11596:2008
평양114수출원천생산사업소	사철	식품류(우동)	11971:200*
평양곡산공장	은하수	당과류(사탕)	10191:1996 1927:2011 1927:2011(2종)

공장명	브랜드	생산품목	규격/국규
평양껌공장	은방울	당과류(과자)	12854:2010 2470:2004
평양남새가공공장	명경	빵류(단설기)	11764:2016(2종)
평양대흥무역회사	대흥	식품류(우유가루)	11969:2016(1종)
평양대흥식품교류소	대흥	음료류(탄산단물), 식품류(고추절임)	8640:2014(2종) 12173:2009
평양일용품공장	서리꽃	치솔	·
평양철봉수출품생산사업소	옹달샘	잡화류(물수건)	13353:2017
평양치과위생용품공장	백화	잡화류(치약)	35160:2015(1종) 35160:2016(1종) 35160:2016(2종)
평양화장품공장	은하수	잡화류 (치약,세수비누,화장품)	8697:2002 10901:2009 9215:2011 11007:2002
평천랭동공장	봄빛	유제품(에스키모)	11596:2016
평천릉라도식료품가공사업소	·	당과류(과자)	·
항공운수영업봉사소	고려항공	잡화류(물수건)	(의료기구부규) 490:2014
해주려관	설류봉	유제품(에스키모)	11596:2016
혁명사적지건설지도국 정양소	삼태성	음료류(탄산단물)	8640:2014(2종)
화성수출품가공사업소	강평	잡화류(세탁세제)	
황금들대외기능공양성소	황금들,푸른들	잡화류(살충제)	12912:2015(4종)
황해북도속도전청년돌격대 수출원천생산사업소	·	당과류(과자)	
황해북도체육인 후방물자생산사업소	필승	당과류(과자)	10619:2013(1종)
회령대성담배공장	대성	담배	
흥발무역회사	푸른봉	음료류(탄산단물)	8640:2000

평양 이외 다른 소재지 공장

공장명	브랜드	생산품목	주소
갈마식료공장	·	식품류(안주)	강원도 원산시 석현동
개성운학수출품가공사업소	·	잡화류(칠감)	개성시 운학1동
구룡포식료가공사업소	흥룡	빵류(단설기)	강원도 원산시 명사십리동
금탑원천생산사업소	금탑	음료류(탄산단물)	황해북도 사리원시 대성동
남포기술대학기술제품연구실	진도	식품류(인조고기,차)	남포시 와우도구역 남흥동
라선령선종합가공공장	두만강	식품류(즉석국수)	라선시 라진지구 신흥1동
례성강식료공장	성흥	빵류(튀긴빵,겹빵)	강원도 원산시 석현동
발양산식료가공사업소	발양산	음료류(탄산단물), 식품류(우동)	황해북도 사리원시 원주동
사리원철도상업관리소	푸른대지	유제품(에스키모)	사리원시 구천2동
송도원종합식료공장	송도원	주류(소주,맥주), 빵류(단설기,겹빵,튀긴빵, 단졸임소빵,기타), 식품류(즉석국수), 당과류(사탕,과자)	강원도 원산시 석현동
원산기초식품공장	원산	주류(맥주), 빵류(단설기)	강원도 원산시 북악동
원산봉화상점	봉화	빵류(단설기)	강원도 원산시 갈마동
해주려관	설류봉	유제품(에스키모)	황해남도 해주시 영광동
황해북도체육인후방물자생산사업소	필승	당과류(과자)	황해북도 사리원시 절산동

국규가 아닌 다른 규격 제품

공장명	브랜드	생산품목	규격
룡악산비누공장	룡악산	그릇세척제	2966:2015(림규)
항공운수영업봉사소	고려항공	소독용물수건	490:2014(의료기구부규)
미표기	덕월산	닦은 해바라기씨	1:2019(황주군규)
관문식료사업소	봄	마요네즈	16475:2019(평양시규)
개성운학수출품가공사업소	·	수성칠감	2729:2011(림규)

나가며

원고를 탈고하고 디자이너에게
전자메일의 전송하기 버튼을 꾸욱 눌렀다.
컴퓨터를 끄고 잠시 숨을 돌렸다.

그러다 불현듯 동해라는 말이 스쳐 지나갔다.
북한 쓰레기가 해류를 따라 서해5도에 떠밀려 왔다면,
동해안은?

그 길로 짐을 챙겨 강원도 고성으로 한걸음에 내달렸다.
서해5도에서는 찾지 못한 또 다른 보물들이 숨어 있었다.

**〈동해안에서 북한 쓰레기를 줍다〉책도 곧 세상에 내놓으려 한다.
미치지 않으면 미칠 수 없기에...**

동해안에서 찾은 또 다른 보물은 2022년으로 이어진다